안철수의

착한 성공

함께 가는 길이라 세상은 더욱 즐겁다

안철수의
착한 성공

최효찬 지음

비전코리아

차 례

안철수처럼
아름답고 착한 성공을 꿈꿔라

착한 성공을 만드는 학습의 힘

스타벅스코리아의 조사에 따르면 '함께 커피를 마시며 대화하고 싶은 지식인'으로 단연 안철수가 꼽혔다. 이유는 무엇일까? 그의 소년 같은 순수성 때문이 아닐까? 2011년 초가을, 서울시장에 당선될 게 확실한데도 박원순 변호사에게 자리를 양보한 일은 보통 사람이라면 결코 하지 못할 결단이다. 소년 같은 순수한 마음이 없다면 도저히 불가능한 판단이다.

　살아가면서, 특히 성공을 추구하는 과정에서 누구나 잃기 쉬운 순수성을 끝까지 지니고 있다는 것만으로도 충분히 호감이 갈 만하다. 안철수는 이런 순수성을 지녔으면서도 '멀티 성공'의 신화까지 이루었다. 그렇다면 안철수의 순수성은 어디에서 오는 것일까? 어떤 시련이나 위기 앞에서도 삶의 기본을 잃지 않는 그 순수의 에너지는 다름 아닌 '학습의 힘'이다.

적절한 비유일지 모르겠지만 안철수는 '외도의 달인'이다. 전공인 의학에서 컴퓨터학, 경영학으로 옮겨 전혀 다른 학문에서 대가가 되었다. 먼저 그는 29살에 의학박사가 되었다. 의학박사 과정을 공부하면서도 컴퓨터프로그래밍으로 외도를 했는데 이는 무려 7년 동안이나 지속되었다. 1995년, 안철수연구소를 창업한 후에는 CEO를 하면서도 미국 유학길에 올라 펜실베이니아 대학교에서 공학석사 학위를 땄다. 그리고 CEO 10년 만에 스스로 물러나 또 다시 미국 유학길에 올라 펜실베이니아 대학교 와튼스쿨에서 MBA 과정을 마쳤다. 의대교수에서 경영자로, 카이스트 교수로 변신을 거듭했다. 그가 공부한 기간은 햇수로 무려 27년이나 된다. 의학박사에서 전혀 다른 경영학을 공부해 펜실베이니아 대학에서 기술경영학테크노MBA 2년, 최고경영자 MBA 과정 2년을 공부했다. 이런 성공은 그야말로 멀티 성공이라 부를 수 있을 것이다. 멀티 성공의 비결은 다름 아닌 '학습'이었다.

외도의 달인이 될 수 있었던 것은 그가 '학습의 달인'이었기에 가능했다. 그런 점에서 안철수의 성공 신화는 철저하게 '학습된 성공'이다. 잡지에서 바이러스에 대해 처음 정보를 접한 것이 의사에서 컴퓨터바이러스 전문가로 진로를 바꾼 결정적인 계기가 되었다. 1988년, 외국 잡지에 실린 컴퓨터바이러스 기사를 읽고 그날 밤 '혹시 내 컴퓨터에는 바이러스가 없을까?' 하는 호기심에서 컴퓨터를 들여다보니 바이러스가 침투해 있었다. 이때부터 그는 바이러스 퇴치 프로그램을 만들기 위해 공부했다.

그것이 오늘날 안철수연구소 성공 신화의 시작이었다. 안철수는 철저하게 혼자의 힘으로 책을 보며 공부해 독보적인 성공 신화를 이루었다. 이어 경영학에 도전해 두 번에 걸친 미국 유학길에 올랐다. 그는 특유의 학습 능력으로 자신의 한계를 넓히면서 의사에서 경영자로, 그리고 교수로 놀라운 변신을 거듭하고 있다.

안철수의 학습된 성공이 더욱 가치를 발휘하며 사회에 아름다운 성공으로 회자되는 것은 이 성공이 이기적인 동기에서 비롯된 것이 아니라 더불어 사는 사회에 기여하고자 하는 순수한 열정에서 비롯되었기 때문이다. 이는 안철수의 말에서도 확인할 수 있다. 그는 "남에게 주기 위해 공부한다"고 말한다.

모두가 행복해지는 것이 진짜 성공

그렇다면 안철수의 착한 성공을 가능하게 한 에너지는 어디에서 온 것일까? 필자는 안철수를 분석해 정직, 순수, 공부, 독서와 메모, 아버지, 노력, 열정, 재미와 보람, 기초, 원칙, 팀워크, 실행, 소통, 한계 극복 등 착한 성공의 원동력이 된 핵심 키워드들을 발견했다. 이른바 '착한 성공'으로 회자되는 안철수의 성공 신화는 바로 이러한 키워드의 실행에서 시작되었다 해도 과언이 아니다. 달리 말하면 이는 오늘날 안철수의 착한 성공을 있게 한 테루아르terroir, 와인의 맛을 결정하는 포도밭의 환경라고 할 수 있다. 이 책은 이러한 키워드들이 주는 메시지를 중심으로 안철수의 착한 성공을 분석하며 안철수처럼 사는 법의 진수를 엿보고자 한다.

　모든 성공은 어느 정도 이기적이다. 안철수의 성공 역시 이기적인 성공일 수 있다. 하지만 안철수의 성공에는 남에게 베풀려는 공유의 정신, 남의 번영이 곧 나의 행복이라는 순수의 정신이 함께 살아 있다. 그래서 그의 성공을 착한 성공, 이타적인 성공이라고 부를 수 있는 것이다. 안철수의 착한 성공은 더 의미 있는 사회적 성공으로 확대되어 조금이나마 인간다운 사회, 서로 행복해질 수 있는 사회를 만드는 데 기여할 것이다.

　안철수의 착한 양보, 착한 성공을 배우면서 우리 각자의 마음속에 있는 이기심을 조금 덜어내고 이타심을 충전하기를 기원해 본다. 더불어 부디 이 책이 성공을 꿈꾸는 모든 이들에게 용기를 북돋아 주는 지침서가 되기를 바란다.

　이제 세상을 삭막하게 하는 이기적 성공보다 우리 모두를 행복하게 하는 착한 성공을 꿈꿔 보자. 자녀가 있다면 자신만을 위한 성공보다 안철수의 착한 성공을 역할모델로 삼게 하면서 다른 사람을 행복하게 하는 성공을 꿈꿀 수 있도록 이끌어보자. 한 가지 밝힐 점은 이 책은 2009년 무더운 여름날에 처음 써졌다. 그러나 여러 사정 끝에 아쉽게도 출간을 보류해야 했다. 그러나 서울시장 후보 불출마 선언 이후 시대적인 상황 변화로 더 이상 원고를 노트북에 묻어둘 수만은 없었다. 안철수는 우리 사회에 착한 양보, 착한 성공의 새로운 '워킹모델Working model'을 만들었을 뿐 아니라 청소년과 성공을 꿈꾸는 이들에게 최고의 '롤모델'이 되고 있기 때문이다. 착한 성공이라고 부를 수 있는 안철수의 개인적 이력은 이미 우리 사회에 엄청난 영향력을 끼치는 사회적 자산이 되었다.

이기적이고 탐욕적인 성공 신화가 판치는 세상에서 이기적 이타주의자가 되는 법, 나아가 교과서대로 해도 성공하는 정직한 성공, 착한 성공이 있다는 것을 이 책을 통해 보여주고자 한다. 안철수의 모범이 우리 사회에 새로운 워킹모델이자 롤모델이 되는 데 다소나마 기여하는 책이 되기를 바란다.

최효찬

Good-natured
Power

착한 양보

자리 욕심을 버리면
세상 사는 게 편하다

소박한 마음으로 돌아가서 다시 깊이 생각하라 素心深考.

— 히로나카 헤이스케, 〈학문의 즐거움〉 중에서

안철수를 생각하면 까닭 없이 연상되는 에피소드가 있다.

"서울 수복이 된 뒤 나는 대학 검정시험을 준비하며 초등학교 임시교사를 1년 정
도 했다. 주 선생과 항상 같이 출근을 했는데 가는 도중 개울이 있었다. 그 개울에는
다리가 없었기 때문에 개울 앞에 도착하면 나는 얼른 신발을 벗고 주 선생을 업겠다
고 등을 내밀었다. 남에게 신세지기보다는 앞장서서 궂은일을 하라는 할아버지의 가
르침대로 한 것이었다. 처음에는 언제나 내가 먼저 신발을 벗고 물에 들어가 주 선생
을 업고 건넜으나 나중에는 주 선생이 '오늘은 내가 업어줄 테니 이 선생은 가만히
있으세요'라고 말하고는 나를 업고 건너곤 했다. 나중에 서로 업어준 횟수를 따져보
니 결과적으로 내가 더 많이 업혔다."

이 에피소드는 이용태 삼보컴퓨터 창업자에게 들은 이야기다. 이용태의 할아버
지는 자신의 인생 체험을 바탕으로 항상 "남에게는 지고 밑져라. 남에게 밑져도 잘
해 주어라"라고 손자에게 강조했다. 남과 사귀고 함께 일할 때는 언제나 남에게 이
기려 하지 말고 밑져 주며, 자기에게 다소 해롭게 한 사람이라도 잘해 주라는 것이

다. 그렇게 되면 결과적으로 베푼 것보다 몇 배나 더 큰 얻음이 저절로 생기기 마련이라는 것이다. '착한 양보'가 '착한 성공'을 부른다는 공식이 바로 이 작은 에피소드에 녹아 있다.

안철수 신드롬을 부른 착한 양보, 착한 성공의 법칙

불과 20분이었다. 지지율 50%에 육박한 안철수 서울대 융합과학기술대학원장(49)과 5%대 박원순 희망제작소 상임이사(55)의 6일 서울시장 후보 단일화 논의는 짧게 끝났다. 결과는 안 원장 불출마와 박 상임이사로의 후보 단일화였다. (……) 박 상임이사는 출마 이유와 당선 이후 시정에 대한 포부를 설명했다. 안 원장은 딱 세 마디, "아무런 조건도 없다. 제가 출마 안 하겠다. 방금 말씀하신 대로 꼭 시장이 돼서 그 뜻을 잘 펼치시길 바란다"고 말했다.

2011년 9월 6일, 서울시장 후보 단일화를 전한 〈경향신문〉 기사의 일부다. 그야말로 착한 양보가 아닐 수 없다. 누구도 결코 이런 양보를 하기란 쉽지 않다. 서울시장이라는 자리가 눈앞에 보이는데 이를 마다했기 때문이다. 이에 그는 자칫 베풀지 않아도 되는 쓸데없는 인정으로 대사를 놓친 '송양지인宋襄之仁'이라는 고사의 주인공이 될 수도 있었다. 하지만 안철수의 착한 양보는 자신도 살고 박원순도 사는 거대한 선택이 되었다. 5%에 불과하던 박원순의 지지율은 20% 이상 껑충 뛰어 유력한 후보로 급부상했기 때문이다. 안철수 현상은 우리 정치사에서 전례 없던 일로 신드롬의 현실화 여부를 떠나 그 자체만으로도 신선한 충격이자 유쾌한 사회적 현상이 되었다.

유권자들은 '새로움'에 감동하고, '버림'에 감동하고, '높은 곳에 있는 줄 알았지만 나와 같다'는 데 감동하고, 자녀들의 '롤모델'이 될 수 있다는 확신이 들 때 환호한다.

〈내일신문〉 2011.9.10에 '바보야, 문제는 감동이야'라는 제목으로 실린 이 글에 어쩌면 우리 시대의 소망이 고스란히 응축돼 있는 것은 아닐까?

50%가 5%에게 양보한 안철수의 착한 양보는 〈내일신문〉에서 말한 것처럼 이제껏 보지 못한 새로움이었다. 지금까지 정치인이든 공직후보자든 누구나 인기와 지지도를 얻으면 이를 앞세워 대중 앞에 나타나 표를 달라고 아우성이었다. 그러나 안철수는 최고의 지지율을 얻었지만 서울시장 후보 자리를 박원순 변호사에게 양보했다. 거대한 양보이자 아름다운 양보, 그야말로 모든 사심을 버린 착한 양보라고 할 수 있다. 이런 착한 '버림'은 사람들을 감동의 도가니로 몰아갔다. 그 감동은 지지도에서 나타난다. 그동안 철옹성처럼 굳건히 차기 대선후보 1위 자리를 견지하던 박근혜와 박빙의 지지도 승부를 벌이고 있는 것이다 (중

앙일보), 2011.9.10. 46.8% 대 46.3%가 이를 증명한다. 이는 '높은 곳'에 대해 한없이 집착하는 기존 정치인이나 공직후보자들과 반대로 자리 욕심에 대한 가차 없는 전복을 보여주었다.

박명림 교수연세대 정치외교학과는 안철수 현상을 '비정치적 정치'가 '정치적 정치'를 위협하고 있는 것으로 해석된다고 분석한다.

갑자기 나타난 안철수 현상의 핵심은 무엇보다 잠재돼 있던 정치 불만, 현실 비판 의식, 또는 대안 모색의 단기적 분출이라고 할 수 있다. 아직 '행동 이전의 여론', '선택 이전의 의견' 차원에 머물고 있지만, 한국 정치와 사회의 변화를 향한 집합적 열망의 표현이라는 점은 분명하다. 〈중앙일보〉, 2011.9.15.

박명림의 분석처럼 안철수 신드롬은 민의를 제대로 반영하지 않고 이념 논쟁으로 자신들의 당파적 이익 추구에만 집착하는 우리나라 정당정치에 대한 혐오증을 반영하고 있다. 달리 말하면 정당정치가 다시 혁신하고 재탄생하는 계기를 가져야만 살아날 수 있다는 무거운 명제를 던진 것이라고 할 수 있다. 이는 기존 정당이 민의를 외면하고 있기에 민심은 기댈 곳이 없다는 것을 보여준다. 그러나 안철수 신드롬을 바라보는 정당의 시선은 한마디로 실망스럽기 그지 없다.

물론 안철수 신드롬을 불안한 시선으로 바라보는 사람이나 정치 세력에게는 안철수 신드롬이 우려할 만한 현상이며 결코 현실이 되어서는 안 될 현상일지도 모른다. 하지만 기성 정치인이나 정당, 정치 세력에 염증을 느끼는 사람들에게 안철수 신드롬은 사막을 걷다 만난 오아시스처럼 반가운 일이 아닐 수 없다.

안철수는 〈주간경향〉2011.8.9과의 인터뷰에서 "자리 욕심만 버리면 그 다음부터는 세상 사는 게 너무 편하다"고 말했다. 서울시장 후보 1위 자리를 박원순 변호사에게 넘긴 것은 바로 이러한 신념을 실천한 것일 게다. 마치 딴 세상 사람처럼 생각하고 행동하고 이를 실천하는 안철수의 착한 양보가 안철수 신드롬을 낳았다. 더 나아가 안철수는 그가 의도하든 의도하지 않든 '박근혜 대세론'을 위협하는가 하면 잠재적 대권 후보로 거론되는 등 정치권에 폭풍의 핵으로 부상하고 있다.

이제 착한 양보가 거대한 바람을 몰고 온 것이다. 따지고 보면 자리 욕심은 온갖 탐욕을 부르는데 보통 사람은 그 욕심을 버리지 못한다. 그러나 안철수는 자리 욕심을 버리면 세상 사는 게 편하다고 말한다. 안철수를 인터뷰한 이종탁 〈경향신문〉 출판국장은 "일반 사람들은 흔히 자리 욕심에 빠지지만 안철수는 그런 욕심에 초연한 것 같았다"고 전했다.

누구나 권력과 높은 자리에 집착하는 게 인지상정이지만 안철수는 초연한 자세를 보였다. 대부분의 정치인들과는 전혀 다른 모습이자 새로움이고 버림인 것이다. 안철수의 착한 양보는 누구나 마음속으로 갖고 있지만 쉽게 실천할 수 없는 양보다. 이런 착한 양보는 모두에게 감동으로 다가가 언젠가는 착한 성공으로 이어지는 원동력이 되게 한다.

안철수의 착한 양보는 결국 착한 성공을 부르는 새로운 성공의 방정식을 만들어내고 있다. 그런 점에서 착한 양보, 착한 성공이 부른 안철수 신드롬은 자녀를 키우는 모든 부모들에게 새로운 롤모델이 아닐 수 없다. 대부분 사람들처럼 '이기적 욕망'의 추구가 아니더라도 성공할 수 있다는 롤모델을 우리 사회에 보여준 것이다. 이것은 기존의 성공 방정식의 통렬한 전복이 아닐 수 없다. 즉, 안철수처럼 이기적 욕망이 아닌 이타적 욕망을 추구하면 그것이 착한 성공이자 아름다운 성공이 될 수 있다는 것이다. 안철수는 욕망을 내려놓고 버림으로써, 이기적인 욕망을 추구하기보다 이타적인 욕망을 보여줌으로써 새로운 성공 모델로 우리 사회를 각성하게 했다.

착한 것도 카리스마가 된다

'순수에 대한 열정이 일군 착한 성공.'

의사에서 바이러스 박사, CEO, 교수로 변신하다 이번에는 서울시장 후보에 이어 유력한 대통령 후보로 거론되는 안철수의 거침 없는 성공 신화는 이렇게 정의할 수 있을 것이다. 2011년 9월, 박원순 변호사에게 서울시장 후보 자리를 내준 '착한 양보'는 그동안 기성 정치인과 기득권 세력이 보여준 '조건 있는 양보'에 거대한 메스를 가하기에 충분했다. 지금까지 우리 사회에서는 양보를 할 때 항상 조건을 내세웠고 그 조건 안에는 자신에게 유리한 욕망이 담겨 있었다. 그 욕망을 충족시키기 위해 사방에 갖가지 조건의 그물을 쳤다. 따지고 보면 양보는 욕망을 충족시키기 위한 수단이었다. 순수하지 못한 양보였다. 하지만 안철수는 순수한 양보, 조건 없는 양보 즉, 착한 양보로 우리 사회를 놀라게 했다. 사람들은 탄식했다. 지금껏 보지 못한 양보였기 때문이다.

안철수의 착한 양보, 착한 성공은 개인적인 이익을 탐하지 않는 순수성에서 비롯된다. 안철수는 7년 동안 하루 3시간씩 잠자며 힘들게 만든 백신 소프트웨어V3를 개인 사용자에게 무료로 제공하고 있다. 그는 의사의 길을 포기하고 벤처기업가로 나설 때부터 사익을 추구하기보다 공익을 선택했다. 개인의 이익보다는 모두의 이익을 추구하는 성공 모델을 만들고 싶었기 때문이다. 순수에 대한 열정, 인간에 대한 사랑이 없다면 누구나 갈 수 있는 길이 아니다. 그렇기에 그는 7년 동안 개발한 컴퓨터 백신 프로그램을 개인 사용자에게 무료로 제공할 수 있는 것이다. 또한 직원들에게는 주식을 무상으로 나눠주기도 했다.

그는 미국의 보안 업체에서 회사를 1천만 달러에 사겠다고 나섰을 때 단호히 거절했다. 당시 이 일로 컴퓨터바이러스의 존재와 백신 소프트웨어의 중요성을 새삼 알게 됐다고 한다. 회사를 만든 지 2년밖에 되지 않았고 더욱이 1997년 매출이 10억 원에 불과한 회사를 100억 원에 사겠다고 나섰기 때문이다. 그만큼 값어치가 있고 미래에는 백신의 중요성이 더 커지겠다는 생각이 들었다. 그는 국내 컴퓨터 사용자들을 위해 100억 원을 포기해도 결코 아깝지 않았다. 사람들은 인간 안철수가 보여준 바로 이런 '순수'에 환호하는 것이다.

그는 1995년 안철수연구소를 창업하고 10년 만인 2005년 CEO에서 물러났다. 이 또한 착한 양보라고 할 수 있다. 자신이 창업한 회사에서 물러나기란 한국의 기업 풍토에서 결코 쉬운 결정이 아니다. 안철수 특유의 '순수에 대한 열정'이 없다면 쉽게 실행할 수 없었을 것이다. 안철수의 성공 비결은 어쩌면 착한 양보 정신과 순수에 대한 열정 덕분일지도 모른다. 그의 성공은 또한 순수에 대한 우리 사회의 목마름을 반증하는 것이기도 하다.

CEO에서 물러난 뒤 그가 한 일은 또 다른 도전이었다. 그것 역시 사람들이 쉽게 가지 않는 길이었다. 안철수는 40대 중반에 토플 시험을 치르고 미국 유학길에 올라 최고경영자 MBA를 이수한 뒤, 돌아와서는 카이스트 석좌교수, 안철수연구소의 이사회 의장과 함께 최고학습책임자 역할까지 맡고 있다. 최고학습책임자를 맡은 것은 CEO 때의 경험과 유학을 통해 배웠던 내용을 후배들에게 가르쳐주기 위해서라고 한다.

요즘은 흔히 카리스마 넘치는 사람에게 '포스 force'가 느껴진다고 말한다. 기氣와 같은 어떤 알 수 없는 힘이 있다는 의미다. 안철수에게 강한 포스를 느끼게 하는 것은 다름 아닌 그의 순수에 대한 열정일 것이다. 지금의 안철수 현상은 어쩌면 그의 포스와 순수, 열정의 사회적 확산 현상으로 이해할 수 있을 것이다.

회복하고 실천해야 할 청권의 메시지

'청권淸權'이라는 말이 있다. 중국 주나라의 태백과 우중 왕자가 아버지 태왕인 고공단보의 뜻을 헤아려 아우 계력에게 왕위를 양보한 미덕을 공자가 청권이라고 칭한 데서 비롯된 말이다. 사마천이 쓴 〈사기〉의 주周본기에 나오는 이야기다.

은나라가 기울어가고 주나라가 신흥 강국으로 떠오를 때의 일이다. 주나라의 태왕은 아들이 셋 있었는데 장자는 태백, 차자는 우중, 셋째는 계력이었다. 고공단보의 장남 태백은 부왕의 뜻이 막내아들 계력에게 있음을 알고 둘째 우중과 함께 '형만'이란 땅으로 달아나 왕위를 양보했다고 전한다. 계력은 형들을 모셔오려고 노력했으나 이들은 머리를 깎고 오랑캐의 흉내를 내며 응하지 않았다고 한다. 그리하여 계력과 그의 아들 창文王에 이르러 주나라의 전성시대를 열었다. 문왕에 이어 아들 발이 왕위를 계승해 은나라를 이기고 천하를 통일했는데 그가 무왕이다. 이렇듯 주 왕실이 천하를 얻은 공은 태백과 우중 형제의 양보 즉,

청권에 근원했다고 사마천은 평한다.

우리나라에서는 청권의 사례로 효령대군이 회자된다. 효령은 아버지 태종이 아우인 충령세종에게 왕위를 물려주고 싶다는 의중을 헤아려 왕위를 양보했다. 이에 세종은 "나의 형이 곧 청권"이라고 칭송했고, 정조는 효령의 사당을 청권사로 사액賜額했다. 현재 서울 방배동에는 효령을 기리는 청권사淸權祠가 있다. 주나라 태백과 우중, 효령의 사례에서 보듯이 '착한 양보'의 미덕을 실행하는 청권은 공동체를 새롭게 통합하고 융성하게 하는 새로운 에너지를 만들어낸다. 그것은 개인의 권력의지 포기에 그치는 것이 아니라 공동체의 도덕성 회복과 리더십 강화와 연결돼 있다.

안철수 교수가 박원순 변호사에게 서울시장 후보 자리를 양보한 것을 청권에 비유하면 지나친 것일지 모르겠지만, 그의 착한 양보는 권력에 뜻을 가진 정치인이라면 누구도 해내지 못할 결단이다. 자신의 욕망을 희생하지 않으면 불가능한 일이기 때문이다. 앞으로 안철수가 교수로 계속 머물러 있을지, 아니면 권력의 자리에 도전할지는 알 수 없는 일이지만 그가 보인 착한 양보의 미덕은 아무리 강조해도 지나치지 않을 것이다. 안철수에게서 권력에 대한 청권을 엿볼 수 있기 때문이다.

대한민국은 지금 공동체의 위기를 맞고 있다. 그것은 사회 지도층의 부도덕성이 초래한 측면이 크다. 그들은 사회와 국가 공동체는 안중에 없이 자신의 권력 욕망을 채우기 위해 부도덕한 행위도 서슴없이 행하고 있다. 수단이 목적을 정당화하는 행태도 보인다. 오직 결과만이 중시되는 듯한 모습이다. 뇌물을 주고 자리를 얻고도 너무나 당당하게 변명을 한다. 공동체의 위기는 리더를 향한 신뢰의 부재에서 온다. 리더가 앞장서서 희생하지 않으면 그 누구도 희생하려 들지 않기 때문이다.

'칼레의 시민The Burghers of Calais'이라는 말은 '노블레스 오블리주'를 상징한다. 영국과 프랑스 간에 왕위계승 문제가 발단이 되어 일어난 백년전쟁 때 영국군이 칼레 시를 포위했다. 이때 칼레 시민들은 영국군의 포위망 속에서 약 1년 정도 버티며 저항했다. 칼레 시민 저항의 중심에는 바로 리더의 자기희생이 있었다.

당시 칼레 시의 시장인 쥐앙 드 뷔안느는 오랫동안 영국군에 포위되어 식량이 고갈되자, 사람들의 목숨을 구하기 위해 영국왕에게 칼레 시를 넘겨주자고 했다. 이때 영국왕 에드워드는 항복 조건을 내걸었다. 그것은 칼레 시민들 가운데 가장 명망 있는 여섯 명이 벌거벗은 채 속옷만 걸치고, 모자도 쓰지도 않은 채 목에 오랏줄을 감고, 칼레 시와 요새의 열쇠를 들고 성 밖으로 나와 항복하면 주민들의 목숨을 살려주겠다는 것이었다. 시장은 시민들을 공회당으로 불러 모아 영국왕의 요구 조건을 받아들이기로 결정짓는다. 이때 칼레 시에서 부자로 소문난 유스 땃슈 드 쌩삐에르 등 여섯 명이 칼레 시민들의 목숨과 도시를 구하기 위해 영국왕 앞에 나서기를 자청했다. 시장은 칼레 시민들의 통곡 소리를 들으면서 영국왕의 요구대로 준비된 여섯 명의 인질을 성문 밖의 영국군 진영으로 인도했다. 이윽고 영국왕이 그들의 처형을 명령했다. 그러나 임신 중이었던 영국왕비가 왕에게 장차 태어날 아기를 생각해 그들을 사면해 달라고 간청하자, 이에 감동한 왕이 여섯 명의 칼레 시민들을 살려주었다고 기록은 전한다.

이 여섯 명의 칼레 시민이 오늘날 노블레스 오블리주의 상징이 된 것이다. '모든 시민들의 안전을 보장하겠다. 허나 시민들 중 여섯 명을 뽑아와라. 그들을 칼레 시민 전체를 대신해 처형하겠다.' 영국왕의 서슬 퍼런 항복 조건은 달리 표현하면 여섯 명이 자원하지 않으면 칼레 시민 모두를 처형하겠다는 뜻이었다. 모든 시민들은 한편으로 기뻤으나 다른 한편으로는 여섯 명을 어떻게 골라야 할지 고민했다. 딱히 뽑기 힘드니 제비뽑기를 하자는 의견도 있었다. 그때 부유층 중 한 사람인 유스땃슈 드 쌩삐에르가 죽음을 자처하고 나선 것이다. 그 뒤로 고위관료, 상류층 등이 직접 나서서 영국의 요구대로 목에 밧줄을 매고 자루 옷을 입고 나오게 된다. 이 일은 부자나 권력자들이 상류층으로서 누리던 기득권에 대한 도덕성의 의무 즉, 노블레스 오블리주를 이행한 사례로 꼽힌다.

국가 공동체가 위기에 빠졌을 때는 리더의 자리에 있는 이들이 앞장서는 것이 무엇보다 중요하다. 그래야만 공동체 구성원들에게 자발적으로 위기를 타개하기 위한 행동에 나서게 할 수 있다. 그런데 지금 우리 사회에서는 이와 정반대의 현상이 벌어지고 있다. 공동체의 리더들은 너나없이 자신의 살길만 도모하기에 바쁜 모습을 연출하기 때문이다. 권력을 향한 의지만 맹렬하게 작동할 뿐 자기희생은 찾아볼 수 없다. 그럴수록 공동체의 위기는 가속화되고 있다. 특히 정치 공동체는 이미 신뢰를 상실할대로 상실해 있다. 성희롱 발언으로 물의를 빚은 국회의원 제명안을 전직 국회의장이 나서서 변호하며 부결시켰다. 윤리가 실종된 정치 세계는 더 이상 국민에게 윤리를 호소할 자격조차 상실한 상태다. 이때 칼레의 시민들처럼 죽음을 자처하고 나서는 리더가 있다면 그야말로 진정으로 공동체를 위하는 리더라고 할 수 있을 것이다. 안철수를 칼레의 시민을 구하기 위해 나선 유스땃슈와 닮았다고 하면 지나친 비유일까?

여기서 유스땃슈 드 쎙뻬에르 등 여섯 명의 칼레 시민들이 보여준 희생정신이야말로 또 다른 의미에서의 '청권'이라고 할 수 있을 것이다. 부자로서 모든 기득권과 삶의 욕망을 스스로 포기하고 대학살의 기로에 선 공동체를 살리기 위해 자신의 귀중한 생명을 희생하는 것이야말로 공동체를 위한 가장 숭고한 양보 즉, 청권의 가장 높은 경지라고 할 수 있기 때문이다. 이는 자신의 권력과 욕망을 내려놓지 않고는 불가능한 일이다.

우리 사회도 유스땃슈와 같은 새로운 시대정신을 실천하는 '새로운 행동가'를 요구하고 있다. 칼레의 시민들처럼 공동체가 위기에 처했을 때 공동체를 위해 '순수한 희생' 즉, 공동체를 살리기 위한 실천적 조치를 행하는 리더들이 있다면 그들이야말로 진정으로 새로운 행동가라고 할 수 있을 것이다. 현재 우리 사회에 가장 필요한 리더는 사회 공동체를 위해 자신을 희생할 줄 아는 새로운 행동가 즉, 권력에 대해 마음을 비우고 모든 욕망을 내려놓는 '청권'을 실천하는 행동가가 아닐까?

2011년 초가을에 우리 사회에 돌연 불어닥친 '안철수 현상' 혹은 '안철수 신드롬'은 지속적인 현상이 될 수도 있고 일시적인 현상으로 그칠 수도 있다. 그러나 안철수는 권력의 자리를 차지하기 위해 아귀다툼하는 현실에서 새로운 양보 즉, 청권의 모럴을 보여줌으로써 불신과 부정으로 얼룩진 정치 공동체에 신선한 충격을 안겨 주었다. 안철수의 '착한 양보'는 이것만으로도 절반은 성공한 결단이라고 평가할 수 있지 않을까?

안철수의 착한 양보, 착한 성공의 법칙은 도덕성 위기에 처한 우리 사회의 공동체가 다시 회복하고 실천해야 할 메시지라고 할 수 있다.

정직한 성공

남들처럼 하지 않아도
성공할 수 있다

당신 안에 행복과 성취와 위대함의 씨앗이 있다는 사실을 언제나 명심하라.
스스로 찾아야 할 뿐, 누구도 이러한 것들을 당신에게 주지 않는다는 사실도 함께 명
심하라.

— 리처드 창, 〈열정 플랜〉 중에서

"남들처럼 하지 않아도, 그냥 교과서처럼만 해도 성공할 수 있다는 것을 보여주
고 싶었어요."

이 한마디에 안철수의 삶이 들어 있다.

학교를 떠나 사회로 나가는 순간부터 사람들은 약속이나 한 듯 교과서를 덮어버
린다. 순진하고 정직한 사람은 경쟁 라인에서 이미 한 발짝 뒤처진 것이 되고, 끝까
지 원칙을 지키는 사람은 두세 발짝 뒤처진 것으로 치부되는 세상에서 안철수는 너
무도 경쟁력이 없어 보인다.

그런데도 안철수는 바보처럼 고집스럽게 원칙을 지켰다. 교과서대로 살았고 착하
게 사업을 했다. 그리고 하는 일마다 모두 성공했다. 뿐만 아니다. 의대교수에서 컴퓨
터 백신 프로그래머, CEO, 그리고 경영학 교수까지 자유자재로 변신을 거듭하며 '멀
티 성공'의 모델이 되고 있다. 끝없이 시간을 쪼개야 하는 '멀티 잡' 시대에 멀티 성

공이라니 뭔가 대단한 유전인자를 타고 난 게 아닐까?

무엇보다 그 성공이 자기만의 것이 아니라 모두의 이익을 위한 '이타적인 성공'이라는 점에서 더욱 큰 의미를 지닌다.

〈주간한국〉2004.12.2 에서는 그의 성공을 다음과 같이 적었다.

"정직한 사람도 성공할 수 있다. 아니 그는 더욱 성공해야만 한다. 그가 빌 게이츠 이상으로 성공한다면 많은 사람들은 '정의가 성공한다'는 사실을 믿게 될 것이고 우리 사회는 좀 더 아름다워지지 않을까?"

자신만이 아닌 모두를 위한 선택을 하라

치열한 경쟁 사회에서 자신의 스펙을 높이기 위한 노력은 필수다. 누구나 더 나은 직장과 더 높은 연봉을 위해 많은 시간과 노력, 비용을 쏟아 붓고 있다.

안철수도 그랬다. 그러나 다른 점이 있다.

그가 스펙을 쌓아온 영역은 언제나 남들이 가지 않은 분야였고, 그런 선택의 이면에는 늘 '더 큰 목적'이 자리 잡고 있었다. 인생은 선택의 연속이고 누구도 피할 수 없다. '돈이냐, 명예냐' 선택의 기준이 무엇이냐에 따라 추구하는 삶은 전혀 달라진다.

의사에서 백신개발자로, 벤처기업가로 그리고 경영학 교수로 새로운 성공 모델을 만들어온 그의 삶을 되짚어 보면 일관된 선택의 기준을 발견할 수 있다. 그것은 단지 '자신만을 위한 선택'이 아니라 '모두를 위한 선택'이라는 점이다.

이는 의대에 진학할 때부터 시작되었다. 과학자가 되고 싶었던 소년 안철수는 졸업을 앞두고 선택의 기로에 선다. 자신의 꿈을 이루기 위해 공대에 진학할 것인가, 아니면 부친의 뜻에 따라 의대에 진학할 것인가. 부친은 서울대 의대를 나와 부산의 가난한 동네에서 병원을 열고 이웃을 위해 평생을 헌신한 의사였다. 따라서 의대에 진학한다는 것은 그러한 부친의 삶과 정신을 이어받는다는 의미이기도 했다. 때문에 안철수는 자신의 꿈을 접고 의사의 길을 선택한다. 이것이 그의 첫번째 선택이다. 이는 앞으로 하게 될 수많은 '착한 선택'의 첫걸음이었다.

대학에 진학한 그는 곧 가톨릭학생회에 가입했다. 가톨릭 신자도 아니면서 그 동아리를 선택한 것은 오로지 의료봉사를 하기 위해서였다. 그는 토요일이면 서울 구로구 구로동으로 가서 의료봉사를 했고, 방학이면 무의촌無醫村에 찾아가 소외되고 병든 사람들을 돌보았다. 이것이 '모두를 위한' 그의 두번째 선택이다.

안철수의 세번째 선택은 의대 졸업 무렵에 이루어진다. 그는 환자를 돌보는 의사 대신 연구직을 택하고 생리학교실에 들어갔다. 의사에 대한 사회적 대우가 높았던 1980년대에 의사는 고수익이 보장된 신분이었다. 그러나 그는 스스로 그 길을 접었다. 인체에 대한 근본적인 연구를 통해서 병의 원인을 밝히는 데 기여할 수 있다면 보다 많은 사람들에게 도움이 될 것이라는 확신 때문이었다. 생리학교실에 들어간 안철수는 혹독하게 공부에 몰입했다. 전기생리학을 비롯해 전자공학과 선형대수학, 물리, 화학 등을 혼자 파고들기 시작했다. 그것은 새로운 선택 뒤에 반드시 따라야 하는 노력이었다.

그런데 안철수의 평탄한 삶에 돌연 컴퓨터바이러스가 끼어든다. 1988년 초의 일이다. 컴퓨터바이러스와의 만남은 평범한 한 의대생의 인생을 송두리째 뒤흔든 사건이 되었다. 그때부터 안철수는 컴퓨터바이러스와 밤새 씨름하며 7년 동안 안티바이러스 프로그램을 만드는 외로운 싸움을 계속했다. 컴퓨터바이러스와의 만남으로 인해 안철수는 중대한 선택의 기로에 섰다. 이번에는 단순히 막연한 고민 후에 취향대로 결정할 문제가 아니었다. 의사의 길을 계속하느냐 마느냐의 근본적인 선택이었다.

결국 14년간 걸어온 의학의 길을 접고 새로운 도전에 나서기로 결심한다. 이때도 그는 '모두를 위한 선택'을 했다. 의사가 아닌 경영인 안철수. 이로써 그는 인생의 가장 중대한 터닝 포인트를 맞이하게 된다.

창업 후에도 모두를 위한 선택은 계속되었다. 백신을 무료로 공급하더니 돌연 CEO를 그만두고 미국 유학길에 올랐고, 귀국 후에는 카이스트 교수에 이어 서울대 융합과학기술대학원 원장으로 변신해 기업의 사회적 기여를 강조하고 있다.

그는 기업가는 기존 한자인 기업가企業家가 아니라 기업가起業家, 새로운 가치를 창출하는 사람 라고 강조한다. 그는 또 "기업가의 리더십이란 행동에 옮긴

뒤 다른 사람들이 혜택을 볼 때 진정한 기업가 정신이 발휘된다"며 기업가 정신을 정의한다〈헤럴드 경제〉, 2009.9.23.

안철수가 우리 사회에서 신뢰받는 리더로 인식되는 것은 바로 모두를 위한 순수한 마음을 가진 것에서 비롯된다. 앞에서는 모두를 위한 선택이라고 목소리를 높이지만 정작 뒤로는 자신의 잇속만 챙기는 일부 리더들을 우리는 자주 봐왔다. 그러나 모두를 위해서라는 안철수의 말은 진정성 있게 다가온다. 그것은 말과 삶이 일치하고 동기뿐만 아니라 결과가 모두 순수하고 한결같기 때문이다. 달리 말하면 안철수는 '자기 삶을 자기보다 큰 것에 바친 사람'이라 할 수 있다. 신화 연구의 대가인 조셉 캠벨은 이런 사람을 "영웅"이라 불렀다.

1962년생, 안철수가 걸어온 삶의 발자취를 요약하면 다음과 같다.

| 10대 |
- 독서광. 초등학교 때 반에서 중위권 성적.
- 교과서 위주 공부. 고2 때까지 상위권에 머물다 고3 때 처음 반에서 1등. 공대를 포기하고 서울의대 진학.

| 20대 |
- 비신자이면서 의료봉사 동아리인 가톨릭학생회 활동.
- 의사가 아니라 연구직 선택, 대학원 진학.
- 1988년, 컴퓨터바이러스를 처음 발견.
- 7년 동안 컴퓨터바이러스를 연구하며 '이중 생활'.
- 의학박사 학위 취득, 단국대 의대 교수.

| 30대 |

- 군의관 제대 후 14년간 공부한 의학을 포기, 컴퓨터 백신개발자의 길 선택.
- 1995년, 벤처기업 안철수연구소 창업. 미국에서 유학(1차)하며 기술경영학 석사 취득.

| 40대 |

- 2005년, CEO 10년 만에 스스로 물러남. 미국에서 유학(2차)하며 와튼스쿨 경영학 석사.
- 2008년, 카이스트 석좌교수로 '기업가 정신' 설파.

남을 잘 돕는 사람이 많은 것을 얻는다

성공은 크게 두 부류로 나눌 수 있다. 권력과 부를 추구하고 개인의 야망을 지향하는 '이기적 성공', 이와 반대로 스스로 즐겁고 의미 있는 일에 몰두함으로써 그 결과로 부와 명예뿐 아니라 사회에 아름다운 향기를 제공하는 '이타적 성공'이다.

먼저 이기적 성공은 무엇보다 자신을 위한 이익 추구로 귀결된다. 이익 추구는 인간 신뢰보다 불신에 바탕을 두고 있다. 한비韓非가 지은 〈한비자〉는 마키아벨리의 〈군주론〉과 함께 리더의 필독서로 꼽힌다. 두 책의 공통점은 '인간 불신'이라 할 수 있다. 특히 〈한비자〉는 '인간은 이익을 좇아 움직이는 동물이다'라는 전제에서 출발한다. 인간의 마음을 움직이는 동기는 애정도 배려심도 의리도 인정도 아닌 오로지 이익뿐이라는 냉철하고 일관된 사상이다. '부하는 늘 자기의 이익을 먼저 생각한다. 기회만 있으면 윗사람에게 달라붙어 자신의 이익을 챙기고 틈만 나면 윗사람을 몰아내고 그 자리를 차지하려고 한다'는 것이다. 그러나 〈한비자〉에서도 지나친 이익 추구는 경계한다. 그 사례로 '잃는 것이 얻는 것이다'라는 역설을 지백智伯과 선자宣子의 고사로 들려준다.

춘추시대 말기, 진나라 귀족 지백이 위나라 선자에게 토지를 요구했다. 그러나 선자는 요구를 들어주지 않았다. 신하인 임장任章이 그 이유를 물었더니 "이유도 없이 토지를 요구했기 때문에 주지 않았다"고 했다. 그러나 임장의 생각은 달랐다. 오히려 무리하게 토지를 요구하는 지백의 탐욕스러운 태도가 자기 파탄을 초래할 것이라고 예상하고 토지를 내주도록 진언했다. 결국 선자는 지백에게 1만 호의 마을을 주었고 오만방자해진 그는 조나라에도 토지를 요구했으나 받아들여지지 않자 진양晉陽을 포위했다. 그러자 지백에게 위협을 느낀 이웃 나라들이 단결해 그에게 대항했다. 결국 밖에서는 한나라와 위나라가, 내부에서는 조씨 일파가 공격에 가세해 결국 지백은 멸망하고 말았다.

이 이야기는 '무언가를 얻으려면 다른 무언가를 희생해야 할 경우가 있다'는 교훈을 들려준다. 지백에게 빼앗긴 토지는 일종의 '선행투자' 역할을 했다. 승리를 위한 일시적 손실이었던 셈이다. 이는 우선 양보를 한 다음 적을 무너뜨리는 전법이다. 인간 행동의 지도적인 철학으로 '이익 중시'를 강조한 〈한비자〉에서도 "잃었기 때문에 얻을 수 있다. 잃는 것을 두려워해서는 안 된다"고 강조한다.

그러나 탐욕을 자제하기란 쉽지 않다. 그 까닭에 탐욕으로 자기 파탄에 이른 사례는 역사상 이루 헤아릴 수 없을 정도로 많다. '얻기 위해서는 먼저 잃어야 한다. 무언가를 희생하지 않으면 결코 아무것도 얻을 수 없다.' 이것이야말로 세상에서 가장 오래된 성공의 인과율이라고 할 수 있을 것이다.

이에 반해 이타적인 성공은 인간 신뢰에 바탕을 둔 '착한 성공'이다. 그렇다고 이기적 성공을 무조건 '나쁜 성공'이라며 이분법적으로 구분할 필요는 없다. 하지만 함께 살아가는 사회에 기여하는 부분은 이기적인 성공보다 이타적인 성공이 훨씬 더 강력하리라는 것은 아무리 강조해도 지나치지 않을 것이다. 현대 자본주의에서 대부분의 기업은 이기적인 성공을 추구한다. 그러나 개인적인 부의 축적에만 국한하는 것이 아니라 사회적으로 일자리를 창출해 더불어 살아가는 데도 큰 역할을 한다. 하지만 여기에서 그치는 경우가 대부분이다. 그렇다고 모든 기업에게 이른바 프로테스탄트의 윤리 즉, 자본가에게 청교도적인 윤리를 요구할 수도 없는 일이다.

"이기적 유전자가 성공을 이끄는 시대는 지났다." 〈SQ 사회지능〉의 저자 대니얼 골만은 이렇게 강조한다. 달리 말하면 사람을 가장 잘 돕는 사람이 가장 많은 것을 얻는다. 골만은 21세기에 성공하는 사람들은 이른바 '사회지능'인 'SQ Social Quotient'가 높다고 강조한다. 사회지능은 상대방의 감정과 의도를 읽고 잘 어울리는 능력을 뜻한다. 사회지능의 핵심은 다름 아닌 좋은 인간관계 능력과 이를 통해 형성하는 인적 네트워크에 달려 있다는 것이다.

역설적으로 말하자면 가장 이타적인 행위가 가장 이기적인 행위가 된다. 이는 경영 컨설턴트 앨런 페닝턴에 의해 정립된 '이기적 이타주의자'에 해당한다. 이기주의가 자신의 필요나 욕구를 타인의 필요나 욕구보다 우선시하는 행동이라면 이타주의는 의도적으로 타인의 복지나 이해 또는 공공의 이해를 추구하는 행위에 속한다. 그렇다면 이기적 이타주의자'란 도대체 어떤 사람일까? 앨런 페닝턴에 따르면 이기적 이타주의자란, "나를 위해 물건을 사고 싶은 욕망, 나 자신에게 가장 좋은 것을 하는 것, 나에게 이익이 되는 것을 하고자 하는 욕망, 하지만 그것이 환경과 생태계 그리고 다른 사람들에게 어떤 피해도 입히지 않으며 동시에 다른 사람을 돕고자 하는 욕구가 결합된 사람"을 말한다. 한마디로 나에게 이로우면서도 다른 이를 이롭게 하는 사람이다.

이 책에서는 이기적 이타주의자의 최근 사례로 '탐스슈즈'를 든다. 세계적으로 큰 이슈가 된 탐스슈즈의 경우 '내일을 위한 신발'을 회사 슬로건으로 내걸고 있다. 이 회사는 소비자가 신발 한 켤레를 구입하면 제3세계 어린이들에게 신발 한 켤레가 기부된다. 탐스슈즈는 젊은이들에게 큰 인기를 끌고 있는데, 좋은 의도는 물론 디자인과 편안함으로도 사랑받고 있다. 나를 위해 신발을 구입하면서 동시에 신발이 없는 어린

이에게 신발을 기증하고자 하는 소비자, 이들이 바로 이기적 이타주의자이다. 즉, 나를 위해 물건을 사는 욕망과 다른 사람을 돕고자 하는 욕구가 결합된 이기적 이타주의자, 이들이 바로 21세기 트렌드를 바꾸는 새로운 소비자들이다. 이기적 이타주의자는 낯선 용어지만 사실 이미 우리 주위에서 쉽게 볼 수 있다.

사람이 누군가를 돕고 베풀 때 가장 보람을 느끼고 삶의 의미와 행복을 느낀다고 하는 이유를 탐스슈즈에서도 엿볼 수 있다. 여기서 남을 위해 베푸는 것이 바로 자기 자신을 위해 베푸는 것이라는 말도 성립된다.

〈카르마 경영〉을 쓴 일본 교세라 그룹의 창업자 이나모리 가즈오는 이른바 '이타적 경영'이 기업 경영의 기본이라고 주장한다. 사람을 가장 잘 돕는 사람이 가장 많은 것을 얻는다. 즉, 가장 이타적인 행위가 가장 이기적인 행위라는 것이다.

이나모리는 일본에서 가장 존경받는 경영자이자 '경영의 신'으로 불린다. 이나모리는 마쓰시타 고노스케, 혼다 이치로와 함께 일본의 3대 기업가 중 한 명이자, 일본 재계와 사회에서는 하나의 상징과 같은 인물이다. 이 책은 그의 성공 철학을 담고 있다. 27세에 3천만 원으로 교세라를 창업해 반도체를 기반으로 세계 100대 기업으로 일궈낸 그는 돌연 회장직에서 물러나 불교에 귀의했다. 그는 '씨 없는 수박'으로 유명한 고 우장춘 박사의 사위이기도 하다. 이나모리 가즈오는 "남을 위하는 마음이 비즈니스의 원점이다. 이른바 '자리이타自利利他'의 정신을 늘 기억하라"고 강조한다.

지방대를 나온 이나모리 가즈오는 스승의 추천으로 교토의 고압초자硝子 생산업체에 입사하게 되었는데, 내일 당장 문을 닫는다 해도 이상할 것이 없을 만큼 다 쓰러져 가는 회사였다. 다들 푸념만 늘어놓았고 하나둘 사표를 내고 떠나갔다. 그때 이나모리는 문득 다른 생각이 들었다. 이 상황을 벗어난다고 해도 별다른 방법이 없었다. '차라리 180도 마음을 바꿔 일에 정성을 들이고 필사적으로 연구해 보자'고 결심했다.

그 후부터 연구실에서 먹고 자면서 매일 실험에 열중했다. 그랬더니 그 마음이 반영이라도 된 듯 성과가 나타나기 시작했다. 상사들이 칭찬해 주자 점점 더 일에 열중했고 신이 났다. 그러자 좋은 결과가 나오는 지속적인 선순환이 반복되었다. 그는 독자적인 방법으로 텔레비전 브라운관의 전자총에 사용하는 파인세라믹 재료를 일본 최초로 합성, 개발하는 데 성공했다. 이나모리는 "마음가짐을 바꾼 순간부터 인생은 새로운 전기를 맞이하게 되었고, 이전까지의 악순환은 선순환으로 변했다"고 말한다.

그는 이러한 경험에서 인간의 운명이란 결코 정해진 법칙에 따라 결정되는 것이 아니라, 자신의 의지대로 좋아질 수도 있고 나빠질 수도 있다는 것을 확신하게 되었다. 이나모리는 이때 '모든 일은 마음이 만들어낸다'는 근본 원리를 인생의 진리로 겸허하게 받아들였다고 한다.

안철수는 여러 면에서 이나모리 가즈오를 연상시킨다. 기업 경영에서 이익의 추구보다는 공익의 추구, 주식의 무상 배분, 최고경영자에서 자진 사퇴, 끊임없는 학습과 도전 정신, 원칙과 도덕성의 중시, 긍정적 자세 등 여러 면에서 둘은 닮은꼴이다.

안철수 역시 처음 안철수연구소를 창업할 때 도움을 약속했던 지인이 이를 철회했는가 하면 대기업들도 한결같이 제휴를 거절해 연구소 창립이 물거품이 될 위기에 처했다. 다행히 한글과컴퓨터사와 제휴가 성사되어 세상에 나올 수 있었다.

셰익스피어의 말처럼 이타주의자들은 맨주먹에서 시작해 거인의 힘을 가졌지만 거인이 된 후에도 결코 거인처럼 그 힘을 사용하지 않는다. 오히려 겸손하게 처신했다.

편법 쓰지 않기, 결코 생색내지 않기

안철수가 원칙을 얼마나 중시하는지 그 일면을 엿볼 수 있는 에피소드가 있다 안철수연구소 사람들, 〈세상에서 가장 안전한 이름 안철수연구소〉, 김영사, 2008.

1997년, 고광수 안철수연구소 상무보가 입사했을 당시 회사는 경제적 어려움에서 헤어나지 못하고 있었다. 당시 안철수는 유학 후 급성간염으로 병원에 입원하고 있을 때였다. 회사를 위하는 마음이 간절했던 그는 탈세라기보다 절세에 가까운 나름의 방법을 정리해 결재 서류를 들고 병실을 방문했다. 자신의 아이디어가 당연히 채택될 것이라 믿고 어깨를 쫙 펴고 서 있던 그에게 날아온 한마디는 의외였다.

"이러지 마세요!"

결재 서류를 내려놓은 안철수의 입에서는 기대와 달리 질타 섞인 우려의 목소리가 흘러나왔다. 그리고 이어진 한마디.

"원칙대로 해야지요. 많이 벌어서 번 만큼 세금 많이 냅시다."

이 일화가 말해 주듯이 안철수는 원칙이 살아 있는 회사, 정직만으로도 성공할 수 있다는 믿음과 확신이 있고, 또 전 직원이 이를 마음으로 받아들여 실천하는 회사를 만들고 싶었던 것이다.

안철수는 카리스마 넘치는 리더에 속하지 않는다. 아니, 카리스마와는 거리가 멀다. 하지만 안철수는 카리스마보다 더 강한 무기를 지니고 있다. 그것은 다름 아닌 '착한 영혼'이다. 자신의 것을 주면서도 내색하지 않는다. 오히려 쑥스러워한다. 그가 직원들을 사랑하고 회사를 사랑하는 방식은 이처럼 순수하고 수줍기까지 하다. 안철수는 2000년 10월, 직원들에게 주식을 무상으로 분배할 때도 그 사실을 언론에 공개하지 않았다.

미국에는 청교도 정신을 실천하는 부자들이 10명 가운데 1명은 있기 때문에 도덕적으로 타락하고 부패한 자본가들이 있어도 최강대국이자

선진국이 될 수 있다는 말을 들은 적이 있다. 우리나라에도 안철수 같은 사장 혹은 리더가 10명 가운데 1명, 아니 1,000명 가운데 1명이라도 있다면 한국 사회는 분명 지금보다 나아질 것이다.

신완선 교수성균관대가 2005년 안철수연구소 직원 23명을 무작위로 선정해 조사한 설문에서 CEO 안철수는 신뢰, 겸손, 도덕성에서 거의 만점에 가까운 평가를 받았다〈주간조선〉, 2005.2.28

그러나 안철수는 여기에 안주하지 않고 CEO를 맡은 지 10년 만인 2005년 3월에 돌연 사표를 내고 미국 유학길에 올랐다. 자신과 사회를 향한 새로운 도전에 나서기 위해 다시 '학습하는 안철수'로 돌아간 것이다. 그는 성공한 CEO였지만 결코 자신을 드러내거나 자만심에 빠지지 않았다.

'휴브리스 요인hubris factor'이라는 말이 있다. 일류 기업이나 최고에 오른 리더들이 더러 자만심에 가까운 자신감을 가지게 되는데 이를 휴브리스 요인이라고 부른다. 일류 기업들이 자칫 치명적인 실수에 빠지는 것은 휴브리스 요인으로 설명할 수 있다짐 콜린스, 〈성공하는 기업들의 8가지 습관〉, 김영사, 2002.

휴브리스란 말은 그리스어 히브리스hybris에서 유래했다. 그리스 시대 비극의 주인공은 이상적인 영웅이거나 고결한 사람이지만 항상 치명적인 결함을 갖고 있었는데 이를 히브리스라고 했다. 그 치명적 결함이란 다름 아닌 인간이기에 떨쳐버릴 수 없는 오만, 교만함이다. 인간은 자신의 능력을 과신하거나 부와 명예에 도취되는 순간 복수의 여신 네메시스의 벌을 받아 비극적 몰락의 길로 들어서게 된다. 절대 강자에게는 대부분 이러한 히브리스가 있으며 분수를 모르는 오만으로 인해 파멸한다는 것이다.

안철수는 마치 휴브리스 요인을 알고 있었던 것처럼 CEO로서 한창 잘나가던 시기에 돌연 그 자리에서 물러나 유학길에 올랐다. 영광의 순간에도 그는 결코 생색을 내거나 안주하지 않았다. 유학 후 기업가 정신을 설파하면서 이제는 우리 사회의 '전략적 리더, 커뮤니케이션 리더'로서 새로운 길을 개척하고 있다.

새로운 워킹모델을 추구하라

안철수의 성공은 한마디로 '착한 성공'이다. 이는 백신 연구가 자신만을 위한 이기적 동기에서 시작되지 않았다는 것만으로도 증명된다. 그가 안철수연구소를 만들면서 추구했던 것은 수익을 추구하지 않아도 기업으로 성공할 수 있다는 새로운 '워킹모델working model'을 정립하는 것이었다. 그가 2005년 3월 18일 CEO에서 물러나면서 한 말에 이 철학이 고스란히 담겨 있다.

현재 한국의 경제 구조하에서 정직하게 사업을 하더라도 자리를 잡을 수 있다는 것을 증명해 보고자 노력해 왔습니다. 투명 경영, 윤리 경영이 장기적으로 더 큰 힘이 되는 사례를 만들어보고 싶었습니다. 공익과 이윤 추구가 서로 상반된 것이 아니라, 양립할 수 있다는 것을 보여 드리고 싶었습니다. 〈내일신문〉, 2005.3.21.

여기서 안철수의 '착한 경영'의 핵심이 드러난다. 안철수는 사업을 처음 시작할 때부터 애당초 부의 축적에는 관심이 없었다고 한다.

처음 안철수연구소를 설립했을 때 세운 목표는 두 가지였다. 첫째는 일반 사용자들에게 공익적인 목적으로 백신 프로그램을 무료로 보급하는 것이고, 둘째는 기업체나 관공서 같은 곳에 판매를 해서 벤처기업답게 커간다는 것이었다. 〈한국경제〉, 2007.4.11.

이 글이 말해 주듯 안철수에게 '이기적인 성공'은 그가 기업을 시작한 이유가 아니었다. 그저 정직하게 사업을 하더라도 성공할 수 있다는 사례에 도전했다. 그동안 우리나라의 수많은 기업가들은 권력과 유착해 노동자를 착취하는 형태로 자본을 축적해 왔다. 또한 부동산에 투자해 막대한 불로소득을 올렸다. 그러나 안철수는 이런 것들에 마음을 두지 않고 다만 정직하고 우직하게 이른바 '바보 경영'을 해도 성공하는 모델을 만들고자 했다. 이를 통해 공익과 이윤 추구가 상반된 것이 아니라

양립할 수 있다는 사례를 만들기를 소망한 것이다. 이는 일반적인 기업과는 노선이 다른 셈이다. 대부분의 기업은 수익 즉, 영리를 추구한다.

안철수는 우여곡절을 겪으면서 처음 회사를 만들 때의 약속을 지켰다. 즉, 개인에게 백신을 무료로 공급하고 단체나 회사를 상대로 백신을 유로로 공급하는 경영을 지금껏 해오고 있다.

성공에 대해 안철수는 "Success is a journey, not a destination 성공은 여행이지 목적이 아니다"라며 "성공에 있어 목적도 중요하지만 과정이 더 중요하다"고 강조한다〈헤럴드경제〉, 2009.9.23. 안철수가 기업을 만들고 운영하면서 내건 최초의 목적이자 궁극적인 목적은 돈을 많이 버는 것이나 이기적인 성공의 추구가 아니었다. 다만 새로운 워킹모델을 만드는 것이었다. 착한 경영, 정직한 경영, 투명한 경영, 윤리적 경영이 워킹모델이 추구하는 가치다. 이런 워킹모델의 추구가 결국은 우리 사회에 착한 성공이라는 새로운 성공 모델을 만들면서 지금의 '안철수 신드롬'으로 이어지는 것이다.

성공은 동료를 만나는 데서 시작한다

한 사람이 어떤 일을 성취하기 위해서는 그 목표를 향해 서로 의기투합할 수 있는 추종자와 벗, 혹은 동지가 필수적이다. 예컨대 돈이 우선이라면 부자가 되겠다는 것을 지상 과제로 여기는 사람을 만나야 성공할 수 있다. 돈의 가치에 대한 생각이 다르면 불협화음이 생길 수밖에 없다. 이윤을 추구하는 사람은 봉사나 공익을 중시하는 사람과 성공의 정의부터 다르기 때문이다.

"리더에 대한 유일한 정의는 추종자를 거느린 사람이다"라는 피터 드러커의 말에서도 볼 수 있듯이 역사상 성공한 이들의 공통점은 바로 '교주와 신도'에 비유할 정도로 추종자가 있었다는 점이다.피터 드러커, 《프로페셔널의 조건》, 청림출판, 2001.

드러커의 '리더와 추종자'가 의미하는 것은 물론 봉건적 할거주의割據主義식의 '자리 보전'이나 기득권 추구를 위한 맹목적인 주종의 관계가 아니다. 흔히 정치권에서 계파 보스에게 맹목적인 충성을 보이는 그런 주종 관계가 아닌 것이다. 드러커가 말한 리더와 추종자란 리더의 신념과 철학에 동조하고 스승이자 멘토로 여기고 따르며 정신적으로 존경심을 지닌 경우에 성립된다. 예컨대 '케인즈 학파'의 제자들은 추종자이자 '명품 브랜드' 유지에 필수적인 '홍보 마케터'라고 할 수 있다. 제자들은 지속적으로 명품 브랜드를 확대·재생산하는 마케터 역할도 하는 셈이다.

리더와 추종자의 진면목은 공자와 그 제자들에게서 진수를 엿볼 수 있다. 만약 공자에게 3천여 명의 제자와 이 가운데 학식이 뛰어난 72명의 제자가 없었다면 그의 사상이 지금까지 세상을 밝힐 수 있었을까?

제자들이 있었기에 공자의 사상은 중국 전역으로 퍼져나갈 수 있었다. 제자들이 그 전도사 역할을 했던 것이다. 그렇다고 그들이 무조건적인 충성파는 아니었다. 그들은 치열한 자기 계발과 수양으로 서로 경쟁하면서 추종자가 되어갔다.

공자는 많은 제자 가운데 자공을 유독 아끼고 혹독하게 대했다. 한번은 자공이 스승에게 이렇게 다짐하는 말을 했다. "전 남이 나에게 하지 말았으면 하는 일을 저 역시 남에게 하지 않는 인간이 되고 싶습니다." 공자의 대답은 싸늘했다. "그런 사람이 아직 되려면 멀었다."

이 장면을 상상해 보면 자공의 얼굴이 벌겋게 달아올랐을 법하다. 그렇지만 자공은 자신을 낮추고 스승의 말에 귀를 기울였다. 자공은 당대의 부자였기에 굳이 공자에게 머리를 조아리지 않아도 됐다. 요즘으로 보면 재벌 회장이 대학교의 최고경영자 과정에서 공부하는 것과 같다. 최고경영자 과정은 기업체의 사장이나 임원들이 주로 듣는 수업이다. 그 수업 시간에 교수가 재벌 회장에게 "회장님은 아직 그만한 그릇이 안 됩니다"라고 말할 수 있을까? 가르침에 엄격했던 교육자 공자의 참모습이라고 할 수 있을 것이다. 자공은 때로는 스승에게 엄청난 구박을 당했지만 충심으로 섬겼다. 스승이 죽자 자공은 다른 제자들이 3년상을 치른 것과는 달리 무려 6년상을 치렀다. 이를 맹목적인 충성이라고만 볼 수 있을까?

공자를 죽음으로 몰아간 요인 중 하나는 바로 사랑하는 제자들의 잇단 죽음이었다. 고희에 이른 공자는 아끼던 제자 중 하나인 자로가 위나라에서 피살되었다는 소식을 듣고 몸이 몹시 상했다. 수제자로 꼽히던 안회가 일찍 죽고 자로마저 자신보다 먼저 세상을 떠나자 공자는 더 이상 삶의 희망을 가질 수 없었던 것이다. 여기서 리더와 추종자의 관계에는 '생명'까지 좌지우지할 정도로 '사랑'의 정신이 깃들어 있다는 것을 알 수 있다. 이는 우리 사회의 '줄서기' 문화에서 보여주는 이기적이고 기득권적이고 맹목적인 충성 관계와는 질적으로 달라 보인다.

사마천의 〈사기〉에는 또한 범려라는 인물이 월왕 구천의 와신상담에 일조한 주인공으로 나온다. 20여 년 동안 구천을 보좌한 범려는 부차가 이끄는 오나라의 대군을 격파하는 데 큰 공을 세웠다. 범려는 그 공로로 상장군에 봉해졌으나 곧바로 처자식을 데리고 귀향했다. "구천이 어려움을 함께할 수는 있어도 영화를 같이할 사람은 아니다"라는 생각에 자신의 안전을 도모한 것이다. 이후 범려는 막대한 재물을 두 번이나 축적하고 모든 재물을 민초들에게 나누어주는 '노블레스 오블리주'의 최초(?)의 주인공이 된다.

제나라로 간 범려는 이름을 숨긴 채 바닷가에서 농사를 지으며 열심히 일한 대가로 수십만 금의 재산을 모았다. 그리고 이내 제나라의 명사가 되었다. 나라에서는 그의 능력과 부지런함을 높이 사 승상으로 삼으려 했다. 그러자 범려는 재산을 친구들과 이웃에게 나누어주고 약간의 금은보화만 챙긴 채 조용히 나라를 떠났다. 산둥 지방 근처로 간 범려는 그곳이 사통팔달의 상업 지구라는 것을 알고 사업을 시작했다. 논밭을 일구면서 목축업을 시작한 그는 물건을 사고팔면서도 10% 이상의 이득을 챙기지 않았다. 그래도 장사는 불처럼 일어나 막대한 재산을 축적할 수 있었다. 천하제일의 갑부로 명성을 얻은 그는 다시 대부분의 재산을 친구와 이웃에게 내놓았다. 그렇게 '군자가 부유해지면 그 덕을 널리 펼친다'라는 신념을 실천하고 조용히 세상과 인연을 끊었다.

역사적으로 성공한 리더에게는 대부분 '현자형 참모'가 있었다. 공자에게는 제자들이, 월왕에게는 복수를 도운 범려가, 버핏에게는 동업자 멍거와 같은 인물이 그렇다. 리더라면 목숨을 줄 수 있는 진정한 현자형 추종자를 옆에 두어야 한다. 지금 우리 사회는 그런 추종자들이 절실히 필요한 때 아닐까?

공자나 예수는 두말할 것도 없고 연암 박지원, 경제학자 케인즈 등의 사상은 제자나 추종자들이 있었기에 세상에 알려지는 것이 가능했다. 연암에게는 박제가와 이덕무 등 제자 그룹과 홍대용 같은 어떤 상황에서도 변치 않는 벗이 있었다. 케인즈 학파는 오늘날에도 세계적으로 주류 경제학파를 형성하고 있다. 안철수 역시 그의 '착한 성공'에는 이를 함께 추구한 동지들이 있었다.

안철수는 자신을 '복이 많은 사람'이라고 말한다. 그가 백신 무료 공급을 추진할 수 있었던 것도 자신의 취지에 공감해 준 동지들이 있었기에 가능한 일이기 때문이다. 즉, 안철수의 착한 성공은 안철수 혼자 이룬 것이 아니다. 그와 정신을 같이하는 사람들이 있었기에 가능한 것이었다. 거기에는 무엇보다 모두를 위한 선택과 실천을 통해 사람들과 그 이익을 공유하려고 한 안철수의 소년 같은 순수성과 열정이 있었기에 가능했다.

인터넷에서 성공한 사람의 동영상을 봤다. 물론 그 사람은 유명하고 돈도 많이 벌었다. 그런데 이 사람이 뭘 성공한 사람인가 생각이 들었다. 여러분들, 성공이란 무엇일까? 내 생각에 성공이란 자기가 하고 싶은 일을 하면서 사는데 그것을 굉장히 잘하게 됐고 남들에게도 도움이 되는 사람이다. 예를 들면 안철수 씨 같은 사람이다. 〈한겨레〉, 2008.5.1.

이는 소설가 공지영이 한 강연에서 했던 말이다. 공지영은 "물론 돈을 무시할 수는 없지만 절대로 1번 자리에 가게 만들면 안 된다. 그렇게 되는 순간 내 인생은 매우 황폐해질 것이라고 생각한다"고 말했다. 공지영은 성공은 돈보다 자기가 좋아하는 일을 하며 남을 돕는 것이라고 정의한다. 돈이 최우선이면 모든 소중한 덕목이 뒤로 밀려나기 때문이다. 또한 공지영은 "20대에 실패하지 않으면 나중에 감당하기 힘들다. 사랑에도 꼭 실패해 봐야 한다. 취직에도 실패해 봐야 한다"면서 하고 싶었던 일에 좌절해 보면 나중에 인생을 다채롭게 살며 성공할 수 있다고 말한다.

수익은 결과죠. 회사를 처음 만들 때 고민했던 게 '왜 사람이 모여서 일을 할까' 하는 대목이었습니다. 초등학생 수준으로 생각을 정리했던 게 '한 사람이 할 수 없는 의미 있는 일을 여러 사람이 함께 이뤄가기 위한 것이다'였어요. 수익 창출이 목적이라고 불량 식품을 만들어 팔면 자기는 돈을 벌겠지만 전체로 보면 마이너스섬Minus Sum 게임이잖아요. 다른 사람에게 해를 끼치면서 자기만 돈을 벌면 그 사업에 존재의 이유가 없지 않습니까. 이런 작은 생각의 차이가 지난 시간 동안 굉장히 큰 결정을 다른 방향으로 가게 했습니다. 〈경향신문〉, 2008.5.22.

안철수가 다른 기업과 달리 수익 즉, 이윤을 우선으로 추구하지 않고도 안철수연구소를 대한민국에서 존경받고 신뢰받는 기업으로 만들 수 있었던 것은 바로 뜻을 같이하는 사람들이 있었기에 가능했다. 안철수와 그의 열정에 취한 사람들이 밤낮 없이 불을 밝히며 일했던 것이다. 안철수는 나아가 근로자들이 열정을 불사를 수 있도록 만드는 기업 환경도 중요하다고 강조한다. 사람이 우선이지 제도가 우선이 되어서는 안 된다는 것이다.

Good-natured
Power

때 묻지 않은 경쟁

치열하게 경쟁하되
모두의 행복을 지향하라

학문이란 별다른 게 아니다. 한 가지 일을 하더라도 분명하게 하고, 집을 한 채 짓더라도 제대로 지으며, 그릇을 하나 만들더라도 규모 있게 만들고, 물건을 하나 감식하더라도 식견을 갖추는 것, 이것이 모두 학문의 일단이다.

— 박종채, 〈나의 아버지 박지원〉 중에서

서울대에서 의학박사 학위를 딴 안철수는 그동안 의대교수에서 프로그래머, CEO, 경영학 교수 등 지금까지 네 번에 걸쳐 명함을 바꾸면서도 하는 일마다 성공 신화의 주인공이 되고 있다. 나는 그를 '착한 성공'의 모델이라 부른다. 또한 그의 성공은 요즘 직장인들이라면 누구나 부러워할 이른바 '멀티 성공'의 모델이 되고 있다. 멀티잡을 추구하는 사람은 많지만 하는 일마다 성공하기란 어려운 일이다. 이런 성공의 밑바탕에는 안철수의 남다른 성공관이자 가치관이 작용했기 때문에 가능했다고 본다.

전략적 사고로 무장하라

안철수는 한번 시작하면 끝장을 보기 때문에 허투루 일을 시작하지 않는다. 그러면서도 경쟁은 본질적으로 우호적이지 않다며 실력으로 경쟁자를 확실히 눌러야 한다고 강조한다. 언제나 착한 소년 같은 이미지의 안철수에게도 매서움과 냉철함이 있는 것이다. 〈영웅본색〉이라는 영화 제목처럼 이른바 '착한 리더의 본색'이라고 할 수 있겠다. 착한 리더일지라도 경쟁에서만큼은 실력을 발휘해 확실하게 자신의 능력을 드러내야 한다. '머리는 차갑게 가슴은 뜨겁게'라는 표현은 그야말로 안철수에게 딱 들어맞는 격언이다. 세상의 법칙, 비즈니스의 법칙은 냉정하다. 경쟁에서만큼은 조금의 온정도 용납하지 않는다. 경쟁은 실력으로 가릴 수밖에 없다. 실력 이외에 의지할 것은 아무것도 없다.

"초긴장 상태로 항상 경계하는 자만이 경쟁에서 이긴다."

인텔의 전 CEO 앤드류 그로브는 자신이 집필한 〈승자의 법칙〉 서문을 이렇게 시작한다. 안철수는 그로브의 책을 읽기 전에는 항상 1위만 하는 인텔 같은 회사의 CEO라면 굉장히 편한 자리일 것이라고 생각했다. 그런데 그로브는 회사가 흔들리지나 않을까, 패러다임이 바뀌지 않을까 등 끝없이 걱정하고 있었던 것이다. 그로브는 성공한 사업은 으레 멸망의 씨앗을 내포하고 있다고 강조한다. 사업이 번성할수록 더 많은 사람들이 그 분야로 뛰어들게 되고 그런 사람들이 늘어나다 보면, 결국에는 한 사람이 차지할 수 있는 몫이 그다지 남지 않기 때문이다.

이런 현실에서 그로브는 "경영자의 가장 중요한 임무는 항상 다른 기업의 공격을 견제하면서, 자신의 부하에게도 그러한 견제 의식을 심어주는 일이다"라고 강조한다. 그로브는 인텔의 CEO로 재임할 때 독보적이던 반도체 사업에 일본이 뛰어들면서 그 사업 자체를 접어야 하는 쓰라린 아픔을 겪었다. 대신 그는 인텔이 마이크로프로세서로 아이템을 교체하게 함으로써 독보적인 사업 영역을 구축했다. 그의 결단력 있는 리더십으로 오늘날까지 인텔은 초일류 기업을 유지하고 있다.

앤드류 그로브를 멘토로 삼으면서 경쟁 의식을 다진 안철수의 태도는 '전략적 사고'에 능한 리더의 모습이다. 리더에게는 단기적인 전술이나 목표도 중요하지만 전체적으로 판세나 정세, 흐름을 읽고 먼 안목에서 중장기적 전략을 세우고 여기에 맞춰 접근하는 자세가 요구된다. 경쟁에 임하는 자세 또한 전략적 사고를 바탕으로 하는 게 중요하다. 즉, 경쟁은 치열하게 하되 경쟁을 통한 이익에만 혈안이 되어서는 안 된다는 것이다. 냉혹하게만 승부에 임한다면 이익 추구만 하는 냉혹한 기업가라는 이미지가 따라붙게 마련이다. 이때 승부는 냉혹하게 하되 모두를 위한 이익 추구를 한다면 이익을 중시한다는 기존의 기업가 이미지와 또 다른 워킹모델을 만들 수 있다.

안철수가 백신V3을 일반인에게 무료로 공급한 것은 바로 이러한 모두를 위한 '공공선' 개념을 기업 경영에 접목했기 때문이다. 기업이든 정치든 또는 인간관계에서든 실리보다 명분을 추구하는 게 중요하다. 자칫 실리를 추구하다 보면 명분을 잃게 되고 결국 모든 것을 잃을 수도 있다. 반면 명분에서 우위를 차지하게 되면 잠시 동안 실리를 잃더라도 결국에는 명분과 실리 모두를 얻을 수 있다.

세계적인 청바지 브랜드 리바이스Levi's가 글로벌 파워 브랜드로 올라서는 데 결정적 역할을 한 것으로 공공사업이 꼽힌다. 유대인인 레비 스트라우스는 전통적으로 유태인 상술의 특징인 공공사업에 앞장섰다. 그 배경에는 이익만 탐하는 비즈니스가 아니라 공공사업과 자선사업으로 얻은 기업 이미지가 크게 작용했다. 그는 직원들의 복지에 특히 많은 관심을 기울이는 한편 뉴욕 빈민가를 방문해 우유공장 건설기금을 내놓기도 했다. 아울러 미국 36개 도시에서 유아를 위한 살균우유를 나눠주고 미국과 해외에 297개의 우유 살균시설을 세웠다. 공공위생사업에도 앞장서 1909년 뉴저지 주에 미국 최초로 아동결핵 요양소를 설립했다. 리바이스는 1940년대에 의류공장 내 인종차별을 철폐했고 회사가 커져서 남부 지방으로 진출할 당시에는 흑인 노동자들도 백인과 동등한 자격으로 취직시켰다.

유태인의 공공사업 마케팅은 오랜 역사를 가지고 있다. 마케팅의 핵심은 '선善'을 주요 가치로 한다는 특징이 있다. 유태인들은 사업 실패의 근본 요인을 타인과 화목하게 지내지 못하고, 타인의 단점과 결점을 감싸주지 못한 데서 찾는다. 상대를 무시하고 홀대하면 상대방도 적대적인 감정을 품게 되는 것이 자연스러운 이치라는 것이다. '착한 마음은 언젠가는 보상을 받는다'는 믿음에 기초하고 있다. 물론 공공사업을 하는 목적에 아무런 의도도 없는 건 아니다. 더 많은 상품을 팔기 위한 고도의 전략으로 접근하는 것이지만 '선한 사업'을 앞세우고 간다. 즉, '선한 마음을 가지면 재물은 쉽게 들어온다'는 믿음이다. 이는 요즘 말로 하면 '서로 이기는 상생의 공동체를 만드는 것'에 비할 수 있다.

노자는 〈도덕경〉에서 이를 '상선약수上善若水'라고 표현한다. '진정한 선은 물과 같다'는 뜻이다. 만물을 이롭게 하면서도 자신을 낮춰 아래로 흘러가는 물의 속성을 우리의 삶에 적용해야 함을 강조한다. 친절하고 부드럽게 다른 사람에게 관심을 표현하면 그들도 그 이상으로 보답을 하게 된다.

유대인들이 공공사업을 마케팅에 활용하는 것은 그들의 역사에서 유래했다. 2천년 넘게 유랑 민족으로 살아온 유대인들이 사회와 이웃 등 주위로부터 배제당하는 것은 흔히 있는 일이었다. 그 속에서 살아가기 위해서는 동료끼리 서로 돕는 것이 필요했다.

우는 사람과 함께 울고, 슬퍼하는 자와 함께 슬퍼하고, 환자 문병하기를 주저하지 말라. 살아 있는 동안 친구에게 친절을 다하라. 될 수 있는 한 손을 내밀어 원조하라.

초대 교인들의 애독서이자 고전인 〈벤시락의 지혜〉에 나오는 말이다. 유대인이 유랑 민족으로 시작해 최고의 성공한 민족이 된 배경에는 서로 도와주고 먼저 손을 내밀어 원조해 준 미덕이 있었다. 이들이 공공사업에 나서고 이를 상술에 활용하는 것은 어쩌면 유랑 민족으로서 이웃과 더불어 살기 위한 고육지책일 것이다. 이러한 공공사업을 활용한 상술이야말로 오늘날 비즈니스 생태 환경에 가장 부합하는 트렌드인 것이다.

공공사업을 마케팅에 활용한 유명한 사례로는 중국의 동인당 약국을 들 수 있다. 동인당 약국은 악오강이 1669년에 창설해 300년 동안 성업해 왔는데 그 성공 비결은 약재의 우수성도 있지만 광범위한 홍보와 사회적 영향력의 확대라는 독특한 방법에 있었다.

청나라 때 베이징 성내에는 해마다 성호城壕 성 밖을 둘러싼 못를 만드는 작업이 한 달 동안 진행됐다. 동인당은 이때 성문 근처 도랑이 파인 곳에 행인들의 길을 밝혀 줄 초롱불을 달았다. 밤만 되면 여기저기에 동인당이라고 새겨진 초롱이 불을 밝혔다. 밤에도 밝은 길을 다닐 수 있었던 행인들은 감동도 감동이었지만 동인당이라는 세 글자에 익숙해지면서 어느 새 호감을 느끼게 되었다.

동인당 약국은 자선사업도 많이 했다. 여름에는 더위해소제를 무상으로 제공했고 교육기관을 세워 운영하기도 했다. 다양한 사회복지 활동을 통해 각계각층의 관심을 불러 모으면서 그 홍보 효과를 통해 기업이미지 구축에 성공한 것이다. 물론 동인당 약국은 품질 면에서도 철저했다. '제조가 번거롭기는 하나 감히 일손을 줄여서는 안 되고, 약재가 귀하기는 하나 감히 재료를 줄여서도 안 된다'는 원칙을 준수해 왔다. 이로 인해 더 비싸지만 더 잘 팔린 것이다. 동인당 약국은 오제남 약국이라는 제2의 동인당 약국을 낳았다. 이른바 착한 성공의 선순환인 셈이다.

일반적으로 동양인과 서양인의 장사에 대한 관점에는 차이가 있다고 한다. 서양인은 눈에는 눈, 이에는 이 전략으로 자신의 이익을 위해서라면 한 치의 양보도 하지 않는다. 반면 역지사지가 몸에 배어 있는 동양 사람들은 이익보다는 사람의 도리를 중시하며, 향후를 위해 어떤 부분의 이익은 과감히 포기할 줄도 안다. 여기서 유대인의 상술은 예외다.

청바지로 부를 일군 리바이스와 중국 동인당 약국의 사례는 '친절은 베푼 것 이상으로 돌아온다'는 교훈을 주기에 충분하다. 이를 달리 비유하면 이른바 '선 테크'라고 할 수 있지 않을까? 선을 선순환하게 하면 결국 모두에게 이로움이 돌아온다. 사업가도 살고 사업가를 둘러싼 사업 환경도 살아나고 궁극적으로는 요즘 하는 말로 '사업 생태계'가 아름답게 살아나는 것이다. 얻으려고 하면 먼저 착한착하게 보이는 마음을 주는 게 착한 기업의 이미지를 얻을 수 있는 지름길이라고 하겠다.

실리보다 명분을 택하라

김훈의 소설 〈남한산성〉을 읽으면 실리보다 명분의 중요성을 알 수 있다. 소설의 주인공은 당시 예조판서인 청음 김상헌과 이조판서인 지천 최명길이다. 두 사람은 조선의 정치와 운명을 결정할 수 있는 당대의 주류다. 이들은 명분과 사상에 따라 각기 분파를 이루면서 노선을 달리한다. 이때 최고 정책결정권자가 이들 주류 가운데 누구의 손을 들어주느냐에 따라 주류 간의 헤게모니가 갈리게 된다. 나라의 운명 또한 마찬가지다.

당시 병자호란 때에는 척화와 주화로 양분된 주류 사이의 경쟁에서 외면상으로는 전쟁을 피하고 화친을 하며 정치적 실리를 꾀하자는 주화파가 일단 승리했다. 그러나 주화파는 전쟁 이후 역사에서 대접받지 못했다. 오히려 명분에서 우위를 점한 척화파들이 대접을 받으면서 권력을 독점하다시피 했다.

김훈의 소설은 조선의 굴욕적 운명을 앞두고 최명길이 작성한 국서^항복문서를 놓고 다음과 같이 묘사한다.

— 전하, 명길의 문서는 글이 아니옵고……
최명길이 김상헌의 말을 막았다.
— 그러하옵니다. 전하, 신의 문서는 글이 아니옵고 길이옵니다. 전하께서 밟

고 걸어가서야 할 길이옵니다.

　급기야 국서를 찢는 일이 벌어졌다. 당시 남한산성의 임시 조정에서
는 항복문서가 채택되기에 앞서 주류 간의 전쟁이 치열하게 전개되고
있었다. 1637년인조15년 새해 초, 남한산성에서 임금이 적진에 보낼 문서
를 읽고 최명길에게 온당하지 않은 곳을 감정하게 했다. 결국 최명길
이 수정을 하고 이 문서를 예조판서 김상헌이 읽고는 통곡하면서 찢어
버렸던 것이다. 그러면서 김상헌은 "먼저 신을 죽이고 다시 깊이 생각
하라"고 아뢰었다.

　항복이라는 치욕 앞에서 항전을 주장하는 목소리는 명분상 우위를
점할 수밖에 없다. 김상헌이 국왕 앞에서 최명길이 작성한 국서를 찢을
수 있는 것은 다름 아닌 '명분의 힘'에 있다. 명분은 늘 정의의 편이다.
월탄 박종화는 김훈보다 70년 앞서 남한산성의 치욕을 소설로 썼다.
1937년에 발표한 역사소설 〈대춘부(待春賦)〉에 이렇게 묘사하고 있다.

　절반을 채 읽지 못한 청음 김상헌, 얼굴이 시뻘개지며 최명길의 초 잡은 글을
북북 찢어버린다. 만좌는 얼굴빛이 백지장 같이 하얗게 됐다…… 이 모양을 본
지천 최명길은 허허, 하고 껄껄 웃었다. 무척 속이 상하는 모양이다. '대감은 찢
으시오. 나는 암만해도 주서야겠소' 하고 찢어진 초 잡은 종이를 조각조각 집어
서 천천히 풀로 붙이고 앉았다.

주류 간의 헤게모니 싸움에서 명분은 언제나 최대의 무기가 된다. 그러나 권력은 현실을 토대로 하고 있기에 인조는 결국 명분이 아닌 실리를 선택했다. 그것은 일시적으로 살아남을 수 있는 선택이지만 길게는 치욕으로 남는 죽음의 길이었다. 최명길 또한 헤게모니에서 이기고 영의정에 올랐지만, 길게 보면 얻은 것보다 잃은 게 더 많은 처지라고 할 수 있다.

정치는 현실의 실리를 먹고살지만 실리 위에는 명분이 있다. 기업 세계도 주류 기업들의 시장 쟁탈전이지만 단기적으로 눈앞의 현실만 염두에 두고 경영 전략을 수립해서는 결코 오래갈 수 없다. 안철수가 살아온 여정에는 당장의 실리를 추구하기보다 명분을 중시한 그의 철학이 보인다. 그것은 당장은 힘들고 어려운 길이지만 장기적인 승리를 안겨주는 길임은 두말할 나위가 없다.

약육강식만이 세상의 전부는 아니다

동물들도 경쟁에서는 룰을 지키며 싸움을 한다. 독일의 동물행동 연구가이자 심리학자인 비투스 B. 드뢰셔는 "동물도 힘만 세고 폭력적이어서는 우두머리가 될 수 없다"고 주장한다.

동물에 대한 우리의 상식을 가장 강하게 지배하는 것은 강자가 약자를 잡아먹는다는 약육강식의 법칙이다. 그러나 드뢰셔는 〈휴머니즘의 동물학〉이라는 책에서 이러한 기존의 견해가 옳지 않거나 너무 편협한 것이었다고 단언한다. 즉, 동물들은 지금까지 동물학자들이 믿어왔던 것보다 훨씬 더 '인간적으로' 행동한다며 우리의 통념이 잘못된 것이라고 말한다. 예컨대 동물 사회에서는 힘만 세고 폭력적인 동물은 절대 우두머리의 자리에 오를 수 없다. 무리의 생존을 지켜줄 수 있는 지혜롭고 경험이 풍부한 동물이 우두머리가 된다는 것이다. 간혹 폭력적, 야만적인 성향을 가진 동물이 있다면 무리로부터 따돌림을 당하게 된다.

동물들은 싸움을 할 때도 약자를 보호하는 규칙을 엄격히 지킨다. 자신의 힘이 부족하면 깨끗이 승복하고 항복의 표시를 하며, 싸움에서 이긴 동물은 항복한 상대를 결코 해치지 않는다. 또한 같은 종끼리 암컷이나 영토를 놓고 싸울 때도 상대에게 치명적인 독이나 뿔은 절대 사용하지 않는다. 독이나 뿔은 단지 외부의 위험으로부터 자신을 보호하기 위해서만 사용한다.

드뢰셔의 주장은 동물이 인간보다 어쩌면 훨씬 더 싸움의 규칙 혹은 리더의 조건이 합리적이라는 생각마저 들게 한다. 잔인하기는 인간이 더한 듯하다. 한번 실패하면 바로 짓밟히는 것이 비즈니스의 세계다. 대기업은 자본의 논리를 앞세워 중소기업을 철저하게 이용하고 불공정 거래를 예사로 한다.

동물보다 더한 약육강식의 법칙이 지배하는 인간 세상에서 중소기업도 사는 정책이 필요하다며 '착한 성공, 착한 공존'을 외치는 안철수는 조금 외로워 보인다.

안철수는 대기업 강연은 아무리 강연료를 많이 줘도 사절하는데 그런 곳은 자신이 아니더라도 유능한 강사를 초청할 능력이 있다는 생각에서다. 그는 주로 강연료를 주지 못해 유명 강사를 초청할 수 없는 곳에서 강연한다. 1년에 3천 건 정도의 강연 요청을 받는데 그중에서 80건 정도 수락한다. 주로 무료로 강연할 수 있는 곳을 다닌다. 폭발적인 인기를 끈 '청춘콘서트'의 경우가 그렇다. 그가 '시골의사' 박경철과 함께 하는 청춘콘서트 형식은 미국에서 본 어느 강연회가 모델이었다.

미국 유학 시절 유명한 벤처캐피털리스트 존 도어의 강연을 들으러 갔다. 그런데 강연 형식이 좀 독특했다. 존 도어는 유명한 미국 방송인을 불러와 청중은 보지 않고 무대에 마련된 소파에 앉아 그들끼리 이야기를 나눴다. 〈주간경향〉, 2011.8.9.

안철수는 그 형식이 너무 좋아서 한국에 돌아가면 꼭 그런 형식의 강연을 해봐야겠다는 생각을 했다. 무료로 강의하는 청춘콘서트는 안철수가 가진 재능 기부의 장이 되었고 소통하는 강연으로 청년과 직장인, 주부 등에게 인기를 끌면서 최근의 폭발적인 '안철수 신드롬'으로 이어지고 있다.

사람을 사로잡는 순수한 열정의 힘

"축구화를 신고 있는 한 경쟁은 피할 수 없는 운명이다."

언젠가 언론과의 인터뷰에서 박지성 선수가 한 말이다. 참 명언이라는 생각이 들었다. 자기 자신을 독보적 존재로 만든 이들에게서 발견되는 공통점은 바로 경쟁에 대한 확고한 인식이다. 한 분야에서 일가를 이룬 사람들은 정신력 또한 최고로 무장되어 있다. 기본기도 있다. 성실하다. 그리고 자신감이 충만하다. 박지성도 그렇다.

사람들이 박지성에 열광하는 것은 묵묵히 자신의 열정을 불사르며 경기가 끝날 때까지 달리고 또 달리는 열정 때문일 것이다. 순진하리만치 그라운드를 누비는 그에게는 터럭만큼의 게으름도 발견하기 어렵다. 그라운드에 나서면 결코 요령을 피우지 않고 전후방을 거침없이 뛰고 또 뛴다. 그에게서 느껴지는 첫 이미지는 바로 순수함이다. 그 순수함 속에 열정과 함께 누구에게도 뒤지고 싶지 않은 '경쟁 본능'이 살아 있다. 팬들은 요령을 피우지 않으면서 부지런하고 경쟁 본능을 좋아하는 그런 박지성에게 환호하는 것이다.

박지성과 안철수의 공통점은 순수에 대한 열정, 때 묻지 않은 경쟁 본능에 있다. 이들은 순수한 면모로 매력을 발하지만 경쟁 앞에서는 실력을 뽐내며 야성적인 본능을 드러낸다. 마치 야누스의 두 얼굴을 보는 듯한 착각에 빠지게 한다. 또한 두 사람은 항상 초심을 유지하려 하고, 성공에 안주하려 하지 않으며, 성실한 성격을 지녔다.

경기가 끝나면 박지성의 유니폼은 가장 더러운 옷이 된다. 성실하게 열정적으로 쉼 없이 달리고 또 달리면서 경기에 열중하기 때문이다. 그의 경쟁 본능은 자신에 대한 무한한 신뢰에서 나온다.

박지성은 '착한 리더의 본색'을 유감없이 드러내는 우리 시대의 영웅이다. 그는 엄청난 야유가 난무하는 유럽의 원정 경기에서 주눅들지 않으려면 우선 자신을 가다듬어야 한다는 사실을 잘 알고 있었다. 그는 큰 경기에 임하기 전이면 언제나 주문을 외운다.

내가 이 경기장에서 최고다. 이 그라운드에서는 내가 주인공이다. 여기 스물두 명의 선수가 있지만 나보다 나은 녀석은 아무도 없다. 박지성, 《멈추지 않는 도전》, 랜덤하우스코리아, 2006.

수줍음이 많고 내성적인 박지성이지만 경기 전에는 마인드컨트롤을 통해 이렇게 자신감을 충전했던 것이다. 이런 박지성의 경쟁 본능은 연습을 할 때 다져진 기본기가 있었기에 가능했다. 박지성은 축구선수치고 왜소한 체격이어서 은연중에 기술로 승부하자는 생각이 각인돼 있었다고 한다.

무엇보다 내가 신경쓴 것은 짧은 거리의 패스, 단거리 달리기, 헤딩, 볼컨트롤

같은 기본기였다. 축구는 오랜 시간 동안 반복 훈련을 통해 완성되는 스포츠다. 어린 시절 코치 선생님한테 들은 바로는 발등 구석구석마다 적어도 3천 번씩은 공이 닿아야 감각이 생기고 다시 3천 번씩 닿아야 어느 정도 컨트롤할 수 있게 된다고 했다. 나는 그 말을 그대로 믿었다. 박지성, 같은 책.

박지성은 다른 선수들이 멋진 드리블과 슈팅을 연습할 때도 짧은 거리의 패스를 정확하게 하기 위해 연습했고 남들이 싫어하는 단거리 달리기 훈련을 반복했다. 그러자 "너는 왜 하나 마나 한 연습만 하냐?"고 다른 선수들이 답답해 한마디씩 했다. 물론 박지성도 반복 훈련이 좋은 것은 아니었다. 하지만 하루를 쉬면 그만큼 다음 날 해야 하는 훈련의 양이 많아지기에 하루도 쉬지 않고 훈련을 했다. 어쩌면 박지성은 너무도 융통성 없는 아이였던 것이다. 그러나 부단히 연습을 하고 시행착오를 반복하다 보면 어느 순간에 꽃봉오리가 터진다.

박지성과 안철수에게서 발견할 수 있는 또 다른 공통점은 일에 대한 열정이다. 융통성 없이 자신의 일훈련에 열중하는 두 사람의 모습은 닮아 있다. 또한 그라운드를 종횡무진 누비는 박지성의 모습에서 순수한 얼굴을 만날 수 있는데 이 또한 안철수에게서 느끼는 이미지이기도 하다.

다만 안철수는 철저하리만치 '나'가 아니라 '우리'를 우선시한다. '돈' 보다 '신뢰'를 먼저 생각한다. '사익'보다 '공익'이 먼저다. 그의 성공에

'착한 성공' 혹은 '이타적 성공'이라고 이름 붙일 수 있는 이유가 여기 있다. 달리 말하면 안철수는 '당신에게 좋은 일이 나에게도 좋은 일'이라고 생각한다.

매트 리들리의 저서인 〈이타적 유전자〉의 서평에는 "You Scratch My Back, I Scratch Yours"라는 말이 나온다. 네가 나의 등을 긁어주면 나도 너의 등을 긁어주겠다는 뜻으로, 이타적 행위에도 이기적인 동기가 들어 있다는 말이다.

이타주의는 단순히 다른 사람을 위해 희생하는 것이 결코 아니다. '자리이타自利利他'에서 알 수 있듯이 이타주의는 결국 자기 자신에게로 되돌아온다. 즉, 당신이 행복해야 내가 행복하고 남을 배려하는 것이 곧 나를 배려하는 길이란 의미이다. 그것은 단기적으로 손해를 볼 수도 있지만 장기적으로는 이익을 불러온다. 결국 모두가 상생하는 윈-윈win-win 게임이 된다. 먼저 다른 사람을 배려하는 것은 서로 승자가 되는 선순환의 시작인 것이다.

법정 스님의 〈홀로 사는 즐거움〉 중 마음이 찡해 온 구절이 있다.

인도는 우리나라입니다. 모든 인도 사람들은 우리 형제이고 자매들입니다. 우리는 인도를 사랑하고 그 풍요롭고 다채로운 문화유산을 자랑스럽게 여기면서 항상 그 가치를 존중합니다. 우리는 부모와 선생님 그리고 모든 어른을 존경하고 누구에게나 친절히 대합니다. 우리나라와 국민에게 헌신할 것을 맹세합니다. 그분들의 평안과 번영이 곧 내 행복입니다.

인도의 혼잡한 기차 안에서 오누이가 이런 말을 합창하고 암송하는 모습을 한 여행자가 듣고 법정 스님에게 전해 주었다고 한다. 우리나라 초등학교에서도 이런 종류의 이른바 '행복 기도문'을 만들어 학생들에게 매일 암송하게 하면 나중에 그들이 더 아름다운 사회를 만들어갈 수 있을 것이다. "그분들의 평안과 번영이 곧 내 행복입니다"라는 구절이 가슴에 오래도록 남는다.

Good-natured
Power

평생 공부

학습의 힘으로
성공의 기초를 다져라

목표를 달성하는 사람들이 가진 공통점 중의 하나는 지속적인 학습을 삶의 한 부분으로 인식한다는 점이다. 또 목표 달성 능력을 계속 유지하고 있는 사람들은 '신이 보고 있다'는 생각을 하고 있다. 그들은 자신이 한 일의 결과에 대해 스스로 대견스럽게 생각한다. 정말이지, 그들은 높은 자아 존중감을 갖고 있다.

—피터 드러커, 〈프로페셔널의 조건〉 중에서

"그를 키운 것은 끊임없는 공부였습니다. 만으로 46세인데 27년을 학생으로 살았답니다. 벤처기업을 성공적으로 일군 사람에게서 찾기 어려운 이력입니다. 일부러 힘든 상황으로 자신을 내몰기도 했습니다. 시간을 쪼개 책도 9권 썼습니다. 가장 보람 있게 여기는 것이 책 쓰기랍니다. 더욱 경탄스러운 것은 그가 밝힌 공부의 목표입니다. 그는 '남을 주기 위해' 공부한다고 했습니다. 그 자신은 돈보다는 명예를, 명예보다는 마음 편하게 사는 것을 택한답니다. 기업 경영도 수익을 위해서가 아니라 '워킹모델'을 만들기 위해서랍니다. 수익은 결과이지 목표가 아니라는 거죠. 의미 있는 일을 하고, 재미있는 일을 하고, 잘할 수 있는 일을 하면 힘이 난다고 했습니다. (……) 그러면서 미래 계획은 세우지 않는답니다. 현재를 충실하게 사는 게 중요하다는 것이죠."

이 글은 〈경향신문〉 2008.5.22에 '안철수가 사는 법'이라는 제목으로 써진 칼럼의 일부다. 이 중에서 특히 인상적인 것은 "남을 주기 위해 공부한다"는 말이다. 흔히 '공부해서 남 주냐'는 말이 있는데 대부분의 사람들은 자신을 위해 공부한다. 하지만 안철수는 남에게 주기 위해 공부한다.

칼럼에서 언급한 것처럼 안철수에게 끊임없이 새로운 일에 도전하도록 이끄는 힘은 세 가지다. 우선 일 자체에 의미가 있어야 한다. 다음으로 일이 재미있어야 하고 마지막으로 잘할 수 있는 일이어야 한다.

끝없는 학습 욕구가 성공을 부른다

자신의 꿈을 거침없이 이루어가고 있는 '역할 모델'로 회자되는 안철수는 늘상 자신을 키운 것은 책이라고 말한다. 만약 안철수가 어린 시절부터 책을 가까이하지 않았다면 오늘날의 안철수는 존재할 수 없었을지도 모른다. 책을 통한 간접경험이 축적되지 않았다면 그의 주기억장치는 제대로 빛을 발하지 못했을 것이다. 그가 의학자에서 벤처기업가로, 다시 경영학 교수로 세 번에 걸친 큰 도전을 이겨낼 수 있었던 원동력은 독서에서 나왔고, 책은 늘 새로운 도전의 동반자가 되어주었다. 그가 하는 일마다 실행력을 높일 수 있었던 것은 다름 아닌 독서의 결과였다.

진정한 승자는 마지막에 웃는 사람이라고 한다. 처음에는 좀 부족하고 모자란 듯 보이지만 점차 보완하면서 끈기 있게 노력을 기울이며 끝내 1인자의 자리에 오르게 되는 것이다. 안철수가 바로 이 말에 완벽하게 부합하는 주인공이라는 생각이 든다.

안철수는 어려서부터 내성적인 성격이라 남 앞에 나서서 말을 하거나 발표를 잘하지 못했다. 그런 성격 때문인지 책을 좋아했다. 공부는 썩 잘하지 못했다. 초등학교 때는 중위권, 중학교 때부터는 상위권을 유지했고 고3이 되어서 처음으로 반에서 1등을 했다. 대학에 들어갔을 때도 입학 성적은 별로 좋지 않았으나 조금씩 성적이 좋아지고 졸업할 무렵에는 최상위 그룹에 들었다. 그는 처음부터 우수하다기보다 점차 성적이 좋아지는 유형이었다<조선일보>, 2006.10.4.

안철수는 서울대 의대에 진학하겠다고 했을 때 합격을 자신할 수 없었다. 그래서 일단 국어와 영어, 수학 등 주요 과목을 분석했다. 국어는 자신이 있었다. 늘 책을 가까이했던 그였기에 성적이 좋지 않던 중학교 시절에도 국어만큼은 잘했다. 꾸준한 독서 습관은 고등학교에 와서 본격적으로 빛을 발했다. 어려운 지문이 나와도 충분한 독서로 기초를 튼튼히 다져놓았기에 성적은 쑥쑥 올라갔다.

영어와 수학도 조급하게 생각하지 않았다. 같은 책을 반복해서 보면서 모두 이해할 때까지 기초를 다졌다. 과외 교사도 필요 없었다. 이때 안철수는 기초를 다지면 실력은 저절로 향상된다는 것을 실감했다. 마침내 원했던 서울대 의대에 합격했다. 이것이 안철수가 학습의 힘으로 승리를 일군 첫번째 '거사'라고 할 수 있다. 그는 "책을 통해 세상에 접근하는 방법은 처음에는 느리지만 결국은 다른 사람보다 앞설 수 있다"

고 확신한다<조선일보>, 2006.10.4.

안철수가 학습의 힘으로 일군 두번째 거사는 컴퓨터와 컴퓨터바이러스 프로그래밍을 책으로 독파한 일이다. 그는 컴퓨터가 없는 상태에서 먼저 책부터 보기 시작했다. 바이러스 퇴치 프로그램을 만들 때도 책이 먼저였다. 책을 읽고 바이러스에 대해 완벽하게 이해한 다음 프로그램을 만들었고 컴퓨터 관련 잡지에 기고했다. 그것이 그가 의학도에서 백신개발자의 길로 들어선 신호탄이었다.

이때까지는 바이러스 관련 원고를 쓴 것이 자신의 인생을 뒤바꿀 정도로 의미 있는 일이 될 줄은 몰랐다. 원고를 마감하고 의학 공부에 몰두하고 있었는데 사단이 벌어졌다. 기고를 한 잡지에 문의가 쇄도했고 잡지사에서도 그에게 도움을 요청하기 시작했다. 일일이 독자 문의에 답변하면서 '나도 다른 사람에게 도움을 줄 수 있구나' 하는 생각과 함께 이것이 의미 있는 일처럼 여겨졌다. 결국 안철수는 의학자의 길을 접고 컴퓨터바이러스를 잡는 일을 선택했다. 안정보다는 모험의 길을 고른 것이다.

그는 자신의 선택을 개인과 사회 모두에게 의미 있는 일이라고 생각했다. 컴퓨터 백신개발자의 길이 의학자의 길보다 더 가치 있는 일이라고 판단한 것이다. 이후 안철수는 힘들게 개발한 백신 프로그램을 무료로 제공하기로 결심했다.

안철수가 백신개발자의 길로 들어선 것도 '학습' 때문이라고 할 수 있다. 그가 컴퓨터 잡지에서 컴퓨터바이러스에 대한 기사를 보지 않았다면 바이러스와의 인연은 없었을지도 모른다. 또 7년에 걸쳐 혼자 새벽 3시에 일어나 불을 밝히며 바이러스 연구를 하지 않았다면 의사 안철수만 존재했을 것이다. 새벽에 불을 밝힌 학습의 힘이야말로 오늘의 안철수를 있게 한 원동력이었다.

경영자의 길로 들어선 이후에도 그의 학습은 계속되었다. 안철수는 책을 통해 경영 노하우를 배웠다. 짐 콜린스와 제리 포라스의 책 〈성공하는 기업들의 8가지 습관〉에서 언급한 '핵심 가치'는 그에게 큰 지침이 되었다〈세계일보〉, 2005.1.11. 그는 기업의 핵심 가치는 그것을 포기할 바에는 차라리 회사를 없앨 정도로 절대적 기준이 되어야 한다는 철학을 얻을 수 있었다. 이 책에 감동을 받은 CEO 안철수는 직원들이 이 책을 충분히 인지하고 활용하도록 하기 위해 필독서로 선정하고, 승진이나 면접 때 핵심 가치와 비전을 업무에 적용했는지 평가했다.

마커스 버킹엄의 〈먼저 모든 규칙을 깨뜨려라〉를 읽고는 유능한 직원이 떠나는 이유가 기업의 비전이나 CEO 때문이 아니라 직속 상사 때문이라는 데 공감했다. 또 존 L. 네셰임이 쓴 〈하이테크 스타트업〉은 그에게 주변의 경험담보다 좋은 지침서가 되었다. 이윤을 추구하는 비즈니스의 경우 대부분 전망이 좋다는 쪽으로 몰리기 때문에 이러한 속성을 방지하기 위해 행동과 전략을 되돌아볼 수 있는 지침서로 유용하다고 한다. 이것이 안철수가 학습의 힘으로 일군 세번째 거사이다.

안철수는 안철수연구소를 10년 동안 경영하고도 부족하다며 다시 경영학 공부를 시작했다. 창업할 때는 경영이나 경제 관련 책 한 권도 제대로 읽지 않고 사업을 시작했다. 오히려 창업 후 사업을 본격화할 시점에 미국 유학길에 올라 기술경영학 석사 과정을 밟은 것은 비록 작은 기업의 CEO였지만 경영 공부의 절박함 때문이었을 것이다. 그는 10년 동안 CEO로 있으면서도 늘 불안했다고 한다. 그가 최고경영자 자리를 스스로 내놓고 유학길에 오른 것은 결벽증과도 같은 끝없는 학습 욕구 때문이었다. 이것이 안철수가 학습의 힘으로 일군 네번째 거사이다.

'선先 독서 후後 실전'의 원칙

'무슨 일을 하거나 새로운 일에 도전하려면 그에 앞서 책을 읽어라.'

이는 안철수가 불문율처럼 지키는 습관이자 지론이다. 안철수는 미지의 세계로 들어갈 때 항상 먼저 책을 통해 그 세계를 간접체험한다. 이른바 안철수의 '선 이론책 후 실전경험'의 원칙이다. 그는 새로운 일이나 도전에 나설 때면 언제나 이 원칙을 고수한다. 대부분의 사람들은 실전 경험을 먼저 하거나 물건을 먼저 사고 필요할 경우 관련 책을 읽고 정보를 습득한다. 그러나 안철수는 반드시 책부터 산다.

안철수의 독서 중시에 관해 회자되는 이야기가 있다. 바둑을 시작할 때 50권의 책을 독파하고 난 후에 기원으로 가 바둑알을 처음 잡았다고 한다. 바둑 입문서를 비롯해 고급 과정에 이르는 책까지 모조리 사서 읽었는데 심지어 내용을 다 외울 정도였다고 한다. 책을 읽고 어느 정도 어렴풋이 머릿속에 그려질 무렵 현실 감각을 익히기 위해 바둑을 두기 시작했다. 아마추어 1단이 되기까지 걸린 시간은 책을 본 기간을 포함해 1년이 걸렸다. 튼튼한 이론과 기초가 뒷받침되었기 때문이다. 이게 바로 안철수의 선 독서 후 실전의 원칙이다. 일을 시작하기 전에 반드시 관련 책을 독파하고 정보와 지식을 습득하고 난 후에 실행한다.

자신 있는 부분이 '몰입'으로 대표되는 집중력입니다. 책을 볼 때도 그랬고 대학에 들어가 공부를 할 때도 마찬가지였습니다. 한 권의 책을 다 읽은 다음에는 그 책을 다시 읽기보다는 같은 주제의 다른 책을 사서 봤습니다. 그러다 보면 앞서 읽은 책에서 이해하지 못했던 부분을 다른 시각에서 설명하거나 더 기초적인 지식으로 풀어놓은 해석들이 나오면서, 몰랐던 문제들이 자연스럽게 풀어지기 시작한 거죠. 《이코노믹리뷰》, 2009.5.12.

되돌아보면 오늘날 안철수가 존경받는 리더가 될 수 있었던 것도, 창업한 안철수연구소가 신뢰받는 기업이 된 것도, 그가 최고경영자로 10년간 재임하는 동안 꾸준히 지속된 '학습'의 산물이라고 할 수 있다.

그가 창업을 하고 두 번에 걸쳐 미국 유학길에 올랐던 것도 따지고 보면 새로운 길을 가기 위해 '선 독서 후 실전'의 원칙을 적용한 것이라고 볼 수 있다. 경영에 무지했던 그는 유학 중 경영의 기본을 배웠고 미국과 한국을 넘나들며 이를 실전에 적용했다. 창업 후 6개월 만에 미국 유학길에 올라 스탠퍼드 대학에서 기술경영학 석사 과정을 밟고 2년 동안 경영자와 학생을 겸하는 이중 생활을 했다. 한 달에 한 번씩 서울에 와서 업무를 보고 다시 미국으로 가서 공부를 계속했다. 이 시기는 안철수에게 지독한 나날이었을 것이다. 영어 수업에 어느 정도 익숙해질 즈음, 다시 한국에 와서 업무를 보고 돌아가면 다시 영어가 들리지 않았다고 한다. 그럴 때면 이틀에 한 번은 잠을 자지 않고 공부에 몰두했다. 공부에만 매달려 아름다운 캠퍼스에 대한 기억은 전혀 없을 정도였고 졸업할 때에는 지옥에서 빠져나온 것 같은 생각이 들었다고 한다.

모든 성취에는 반드시 대가가 따른다. 자신이 원하고 좋아하는 일을 하고 있을지라도 열매를 얻기 위해서는 땀이라는 대가가 반드시 따른다. 2년 만에 테크노 MBA 학위를 취득한 안철수는 귀국 후 간염에 걸려 수개월을 병상에서 지내며 고생했다. 명색이 의학박사인 안철수였지만 자신의 건강까지 잃어가며 공부에 몰입했던 것이다.

의학도에서 컴퓨터바이러스 개발자로의 변신, 창업과 유학 등 그의 인생은 늘 새로운 선택과 도전으로 이어졌다. 그때마다 그를 일으켜 세운 원동력은 바로 '학습의 힘'이었다. 그가 연구소를 창업하고 곧바로 미국 유학[차]에 오른 데 이어 또다시 CEO 10년 만에 돌연 사표를 내고 다시 미국 유학2차에 나섰다. 그 배경에는 다름 아닌 학습에 대한 갈증과 함께 새로운 길에 나서기 전에 적용한 '선 독서 후 실전'의 원칙이 있었다.

미국에서 공부하면서 내 실력이 어느 수준인지를 내 눈으로 직접 확인했다. 파도가 밀려왔다 빠져나갈 때 자갈이 드러나는 것처럼 내 실력이 부족하다는 게 적나라하게 드러났다. 이런 내가 성공한 벤처기업가 소리를 들었으니, 우리나라의 벤처기업 수준을 짐작할 수 있는 것 아닌가. 〈한겨레〉, 2008.5.12.

안철수는 선 독서 후 실전의 원칙 덕분에 2차 유학을 끝내고 귀국 후에는 카이스트 교수로 변신을 할 수 있었던 것이다.

공부에 있어서 안철수는 언제나 처음보다는 마지막에 웃고는 한다. 서울대 의대 시절, 처음에는 상위권에 들지 못했지만 결국 상위 10%의 성적으로 졸업을 했고, 유학 시절에도 처음에는 영어 강의조차 들리지 않았지만 노력을 해서 결국 상위 10% 안에 드는 성적을 냈다. 언제나 책을 통해 세상에 접근하고 이어 실전에 적용하는 그의 방법은 참 느려 보이지만, 그게 오늘날의 안철수를 있게 한 원칙이었다.

그러나 독서광에 학습의 달인인 안철수에게도 공부가 갑자기 무섭게 느껴져 멀리 도망가고 싶었던 적이 있다. 책에게 잡아먹힐 것 같은 기분에 사로잡힌 적이 있었다고 한다.

전공 서적 사이에는 에디슨도 없었고, 오펜하이머(물리학자)도 없었다. 좋아하는 소설을 꽂아놓는다는 것은 사치에 가까웠다. 오직 영어로 된 의학 관련 서적들뿐이었다. 그곳에 파묻혀 그는 외톨이가 된 듯했다. 이러다 책에 잡혀 먹히기라도 할 것만 같았다. 김상훈, 〈컴퓨터 의사 안철수 네 꿈에 미쳐라〉, 미래를소유한사람들, 2007.

의대 3학년이 되면 본격적인 전공 공부가 시작된다. 의대생의 본과 공부는 힘들기로 유명하다. 안철수도 밤낮 없이 공부에 매달렸다. 아침부터 밤까지 쉴 겨를도 없이 수업을 들어야만 했다. 본과 1년을 마치고 방학을 맞아 부산 집으로 내려간 안철수는 모처럼 휴식을 가질 수 있었다. 개강을 1주일 앞두고 하숙집으로 돌아온 안철수는 문득 책상을 보고 그만 절망적인 기분에 빠졌다. 책이 마치 괴물처럼 다가온 것이다.

아들의 전화를 받은 어머니가 급히 서울로 올라와 아들을 부산으로 데려갔다. 그곳에서 안철수는 꼬박 1주일을 쉬었다. 부모님은 말없이 아들이 다시 용기와 자신감을 얻을 때까지 낚싯대를 내주고 놀러 가라며 용돈을 쥐어주었다. 안철수는 1주일 후 다시 학교로 돌아갈 마음이 생겼다. 서울에 올라온 그는 더 활기차게 캠퍼스 생활을 시작했다. 그때 의료봉사를 위해 가톨릭학생회에 가입해 부인인 김미경 씨를 만났다. 책에 잡아먹힐 것 같았던 그 사건은 항상 혼자였던 안철수에게 새로운 전환점이 되어준 셈이다. 이때부터 그의 인생에서 봉사 활동이 시작됐는데 그의 '착한 성공'의 바탕이라고 할 수 있다.

낙관주의를 학습하라

나는 학문적으로 뒤처지므로 '다른 사람에게 배워서 나를 성장시키겠다'라는
말을 지켜나갔다.

이나모리 가즈오가 〈카르마 경영〉에서 소개한 마쓰시타 고노스케의
'일생의 마음가짐'이라는 구절이다. 그는 '경영의 신'이라 불릴 만큼 신
격화된 이후에도 일생의 마음가짐을 잊지 않고 지켰다. 안철수 역시 이
들에 결코 뒤지지 않는 열정으로 학습 또 학습하는 자세로 우리 시대의
새로운 워킹모델을 만들어가고 있다.

안철수가 걸어온 길을 보면 소년등과少年登科라는 말이 생각난다. 이는
10대 때 과거 시험에 급제合格하는 것을 뜻한다. 선인들은 소년등과를
경사스런 일로 받아들이지 않고 경계했다고 한다. 모난 돌이 정 맞는다
고 일찍 재능을 드러내면 시기하는 이들이 많아 결국 꽃을 피우지 못한
다는 것이다. 또는 자신의 재능을 믿고 자만해져 결국 큰 인물이 되지
못한다고도 생각했다.

10대에 벼락부자가 되는 경우도 있다. 남들보다 이른 나이에 성공
한 사람들은 늘 부러움의 대상이 된다. 그러나 무작정 부러워만 할 일
은 아닌 것 같다.

1990년에 만들어져 엄청나게 흥행했던 영화 〈나 홀로 집에〉 시리즈

의 주인공 맥컬리 컬킨은 10대 초반에 세계적인 인기 스타가 되어 억만장자 대열에 끼었다. 그러나 그의 수입과 양육을 둘러싸고 티격태격하던 부모는 결국 이혼을 했고, 본인 역시 18살에 결혼해서 2년 만에 이혼을 하고 말았다. 이후 스트레스에 시달리다 서서히 마리화나와 금지 약물에 손을 대더니 결국 체포되어 언론의 표지를 장식했다.

너무 이른 나이에 억만장자가 된 아역 스타, 결국 그 감당 못할 무게에 짓눌려 인생이 헝클어지고 만 것이다. 꼭 연예계가 아니더라도 이런 예는 얼마든지 찾아볼 수 있다.

성공은 좋다. 그리고 누구나 성공을 꿈꾼다. 그러나 어느 날 갑자기 벼락처럼 떨어진 성공과 차곡차곡 노력해 가며 땀과 눈물로 얻은 성공 중 어느 쪽이 더 가치 있을까?

우리나라에서도 인기가 높은 작가 파울로 코엘료는 정신병원을 세 차례나 드나들며 불우한 10대를 보냈다. 20대 때는 만화 잡지를 창간했다가 군사정부의 미움을 사 두 차례나 수감되기도 했다. 그러다 40대가 되자 장장 700km에 이르는 스페인 순례길에 나섰는데 이것이 삶의 전환점이 되었다. 그때의 경험을 살려 〈순례자〉와 〈연금술사〉 등을 잇달아 발표하면서 세계적인 작가로 우뚝 서게 된 것이다.

2009년 미국 PGA 챔피언십에서 우승한 양용은 선수는 1972년생이다. 19세에 골프를 시작했지만 30대 중반까지 누구에게도 주목받지 못하는 무명선수였다. 사실 골프를 치게 된 것도 가난 때문이었다. 친구의 소개로 작은 골프 연습장에서 일하게 된 그는 어려운 가정 형편 탓에 나이트클럽 웨이터까지 전전해 가며 골프공 줍는 아르바이트를 해야 했다. 그러다 프로 선수들의 어깨 너머로 조금씩 골프를 배우기 시작했다. 보다 체계적인 레슨이 필요했던 그는 잭 니클라우스와 닉 팔도의 레슨 비디오를 보면서 혼자 연습했다. 그것이 유일한 골프 교습이었다. 그런 그가 골프 황제 타이거 우즈를 꺾고 우승했으니 미국의 언론이 연일 대서특필할 만하지 않은가.

마틴 셀리그만이 쓴 〈학습된 낙관주의〉라는 책이 있다. 이 책에 따르면 낙관주의는 그저 주어지는 게 아니라 학습에 의한 산물이다. 긍정적인 생각을 불러오는 낙관주의는 학습에 의해 만들어진다는 것이다. 대부분의 사람들은 긍정적인 생각보다 부정적인 생각, 비관적인 생각으로 빠져드는 경향이 있다. 그러나 어떤 사람은 비관적인 생각보다 긍정적이고 낙관적인 생각으로 어려운 고비를 넘거나 힘든 상황을 이겨낸다. 그것은 일상에서 낙관적인 생각이 몸에 배었기 때문이다.

셀리그만에 따르면 비관주의자는 나쁜 일이 오랫동안 계속될 것으로 믿으며 그 일이 자신이 하는 다른 일까지 위태롭게 할 것으로 생각한다고 한다. 나아가 나쁜 결과에 대해 너무 쉽게 자기 탓으로 돌려버리는 경향도 있다. 그러나 낙관주의자는 똑같이 어려운 일에 부딪쳐도 비관주의자와 정반대로 생각한다. 실패를 겪어도 일시적인 것으로 생각하고 주눅들지 않는다. 안 좋은 상황에 처하면 이것을 오히려 도전으로 여겨 더 열심히 노력한다.

낙관주의의 '학습'은 살다 보면 겪게 마련인 실패에 직면했을 때 자신에게 내뱉는 파괴적인 말을 바꾸는 것에 달려 있다고 한다. 어린 시절의 언어 습관과 학습 습관, 책 읽는 습관은 부모에게서 많은 영향을 받는다. 아이는 '부모의 등 너머에서 배운다'는 말이 있다. 부모의 행동이 아이의 미래를 좌우하고 부모로부터 언어 습관을 비롯한 모든 습관을 배우게 된다는 의미이다.

안철수의 성공이 '학습된 성공'이라고 할 수 있는 것은 그가 책을 통해 끊임없이 학습하면서 '착한 성공'으로 다가갈 수 있었기 때문이다. 책에서 착한 성공을 배웠고 이를 기업 경영에 직접 실천하며 오늘의 안철수와 안철수연구소를 만들어낼 수 있었던 것이다. 그가 책을 보지 않는 경영자, 학습하지 않는 경영자였다면 안철수연구소는 다른 기업과 다를 바 없는, 그저 수익 올리기에만 골몰하는 평범한 기업으로 남았을지도 모른다. 안철수 또한 평범한 경영자에 머물렀을 것이다.

독서와 메모

성공을 위한
좋은 습관을 만들어라

소매가 길어야 춤을 잘 추고 돈이 많아야 장사를 잘하듯, 머릿속에 책이 5천 권 이상 들어 있어야 세상을 제대로 꿰뚫고 지혜롭게 판단할 수 있다.

— 한승원, 〈다산〉 중에서

안철수의 잇단 성공은 이른바 '멀티 성공'이라고 할 수 있다. 야구로 보면 3게임 연속 홈런에 비유할 수 있다. 이는 다름 아닌 학습의 산물이다. 짐 콜린스의 〈좋은 기업을 넘어 위대한 기업으로〉와 〈성공하는 기업의 8가지 습관〉은 안철수의 삶에 많은 영향을 미친 책들이다. 짐 콜린스는 스탠퍼드 대학 경영학 석사 출신으로 모교에서 '기업가 정신'에 대해 강의해 '명강의 상'을 받을 정도로 열정적인 강의로 명성이 높았다. 안철수가 카이스트에서 강의하고 있는 과목명은 우연하게도 '기업가 정신'이다. 안철수 역시 열정과 창의적인 강의로 학생들에게 인기가 높다.

책에서 배운 것을 성장 에너지로 삼아라

안철수는 "학습은 생존을 위해 선택할 수 있는 것이 아니라 필수 조건"이라고 강조한다. 중소기업이 대기업의 틈바구니에서 살아남기 위해서는 무엇보다 교육이 중요하다고 거듭 주장한다.

그는 독서에 관해서 편식을 경계하는 편이다. 어느 한 분야를 집중적으로 파고들어 전문적인 식견을 갖추는 것은 물론 중요하다. 그러나 관심 분야에만 매몰되어 자칫 '닫힌 지식'만 추구하는 것은 위험하다. 그는 스스로 끝없이 발전하고 사회에 기여하려고 한다면 보다 다양하게 읽고, 무엇보다 '내가 틀릴 수도 있다'는 열린 생각을 가지는 것이 중요하다고 말한다. 안철수가 읽는 책들은 경영서를 비롯해 인문 사회과학, 문학 등 폭이 넓다. 2003년 안철수연구소의 집무실에 있는 그의 책장을 소개한 기사를 보면 관심사가 어느 정도로 다양한지 알 수 있다.

그의 책장에는 잭 웰치의 자서전에서부터 빌 게이츠의 〈생각의 속도〉, 소설가 아사다 지로의 〈장미도둑〉, 한완상의 〈민중과 지식인〉, 마이클 크라이튼의 소설 〈먹이〉에 이르기까지 갖가지 책이 꽂혀 있다. 주로 책상 오른쪽에는 경제경영서와 인문 사회과학 책이 왼쪽에는 어린 시절 읽은 세계 단편문학, 세계 문학, 한국 근대문학, 세계 추리문학 등 문학 전집이 꽂혀 있었다. 그 중에는 20년이 넘은 손바닥만 한 문고판도 있어 눈길을 끌었다. 안 사장이 관심을 가지고 숙독하는 분야는 경영학과 리더십, 커뮤니케이션에 관한 책이다. 〈디지털타임스〉, 2003,1,20.

안철수의 독서 습관 중 하나는 절대로 요약본을 읽지 않는다는 것이다. 시간을 다퉈가며 일해야 하는 CEO의 경우 시간이 없을 경우 요약본을 읽는 것이 일반적이다. 요약본만 서비스하는 인터넷 사이트도 성업하고 있을 정도다. 그러나 안철수는 아무리 바빠도 원서를 구입해 읽는다.

책은 많이 읽는 게 중요한 것이 아닙니다. 한 권의 책이라도 거기서 얼마나 많은 것을 얻을 수 있느냐가 중요하지요. 사실 독서에서 글을 읽는 만큼 중요한 것은 사색입니다. 책에 나온 내용을 자신의 경험이나 현재 상황에 대입해 생각해 보고, 다른 책과도 비교해 보거나 연관 지어서 생각해 보고, 자기 나름대로 해석하는 과정은 책 내용을 내 것으로 만들고 사고의 폭을 넓히는 방법이죠. 그런 면에서 볼 때 요약본은 별로 도움이 되지 않습니다. 〈디지털타임스〉, 2003,1,20.

2009년 5월 필자가 메모 습관에 대해 인터뷰하면서 "가장 영향을 끼친 책이 있느냐"고 묻자 안철수는 "너무 많이 읽다 보면 모두가 영향을 미쳐 딱 한 권으로 말하기 곤란하다"고 답했다.

예를 들어 소설을 읽으면 줄거리에 관심이 없었어요. 대신 주인공의 사고방식과 행동 방식에 관심이 갔어요. 예를 들어 〈금삼의 피〉를 읽으면서 '왕인데, 왜 이렇게 불행할까, 나라면 어떻게 할까, 왜 화를 내지?'라고 생각하고 이해하려고 해봤어요. 그렇게 다양한 사람들을 이해하려고 노력하니까 정작 주인공이 죽었는지 살았는지 스토리를 잊어버리더군요. 《중앙일보》, 2009.2.20.

안철수는 책을 읽을 때 전체 줄거리를 따라 읽기보다 주인공이나 등장인물 하나하나의 캐릭터에 주목하면서 읽었다. 어린 시절 과학책과 소설책을 좋아했는데 읽은 소설이 이제는 어떤 줄거리인지조차 기억나지 않는다고 한다. 등장인물 중심의 독서 방식을 취했기 때문이다. 이처럼 책의 줄거리보다 개별적인 인물에 주목하면 타인의 내면세계에 훨씬 더 깊숙이 들어갈 수 있고 결국 인간에 대한 이해를 넓힐 수 있는 것이다.

자투리 시간을 결코 소홀히 하지 마라

"우리 회사 건물 엘리베이터는 10분 이상 기다려야 탈 수 있거든요. 그 시간에만 책을 읽어도 한 달에 두 권은 읽어요."

안철수는 CEO 시절 이렇게 말한 적이 있다. 그는 결코 자투리 시간도 허투루 쓰는 법이 없다. 그래서인지 목욕과 이발을 제일 싫어한다. 그 시간만큼은 다른 일을 못하기 때문이란다. 때문에 목욕은 공중 목욕탕에 가지 않고 집에서 한다. 집에서 하면 책을 읽을 수 있기 때문이다.

그의 취미는 독서와 영화 감상이 전부다. 술과 담배는 전혀 못하고 노래방이나 비디오방은 물론 룸살롱에도 가본 적이 없다. 운동도 잘 못한다. 그래서 만약 청소년 시절로 되돌아갈 수 있다면 운동을 열심히 해보고 싶다고 한다.

자투리 시간 활용의 대가로는 러시아의 생물학자인 알렉산드르 류비셰프를 빼놓을 수 없다. 그의 독서는 주로 자투리 시간에 이루어졌다. 예를 들면 버스나 기차를 타는 시간, 회의 시간, 줄을 서 있는 시간조차도 아끼려고 했다. 우크라이나 남쪽의 크리미아 반도에 머물 때 길을 걸으면서 뜨개질하는 그리스 여인을 보고 경탄한 후부터 산책을 하면서 곤충 채집을 했고, 쓸데없는 잡담으로 채워지는 다양한 종류의 회의에 참석할 때는 수학 문제를 풀었다.

류비셰프는 자투리 시간을 효과적으로 사용하기 위해 매우 세세한 계획을 세웠다. 예를 들어 여행을 할 때 반드시 두께가 얇은 책을 읽거나 외국어를 공부했다. 장기 출장을 갈 경우에는 미리 책을 우편으로 부칠 정도였다.

버스를 탈 때에도 여러 상황을 고려해 책 두세 권을 가지고 탔다. 출발지 근처에서 타면 앉을 수 있으니 책도 읽고 필기도 했다. 만약 사람이 많이 붐비는 곳에서 버스를 타면 서서 읽을 수 있는 얇은 책을 가지고 탔다. 그는 단 한 번도 30분을 짧은 시간이라 생각한 적이 없다고 한다. 그러나 대부분의 사람들은 그런 식으로 시간을 계산하며 생활하지 않는다. 그러는 사이 소중한 시간이 흘러가고 마는 것이다.

류비셰프는 러시아의 곤충학자로 곤충분류학, 과학사, 농학, 유전학, 식물학, 철학, 곤충학, 동물학, 진화론, 무신론 등의 경계를 넘나들며 지적 작업을 했다. 총 70권의 학술서와 1만2천여 장에 달하는 논문과 연구 자료를 남겼다. 표본으로 만든 곤충만 1만3천 마리에 이른다. 그는 특정 분야의 전문가이면서 박학다식한 과학자였다. 그 비결은 매일매일 일기를 쓰면서 작성한 '시간 통계'에 있었다. 그는 모든 일에 소요된 시간을 정확하게 계산해 기록했다. 또 매달, 매년 시간 통계를 결산하면서 계획을 세웠기에 거의 1% 오차도 없이 계획대로 이룰 수 있었다고 한다.

또한 류비셰프는 책을 읽으면서 반드시 꼼꼼하게 요점을 정리하는 등 메모를 하면서 독서를 했다. 이른바 생산적 독서 방식이라고 할 수 있다.

나는 책을 읽을 때마다 매우 꼼꼼하게 요점 정리를 해두는데 아직까지도 여전히 이런 작업에는 많은 시간이 소요된다. 그 결과 지금은 엄청난 자료를 보유하게 되었다. 그 중에서도 가장 중요하다고 생각되는 책에 대해서는 요점 정리

뿐 아니라 비판적인 관점에서 나름대로의 분석도 해놓는다. 그렇기 때문에 나는 예비 원고를 미리 가지고 있는 셈이어서 출판이 필요할 경우에는 이를 바탕으로 매우 신속히 원고를 집필할 수 있다. 다닐 알렉산드로비치 그라닌, 〈시간을 정복한 남자 류비세프〉, 황소자리, 2004.

그런데 이는 다산 정약용에게서도 그대로 발견된다.

옛사람들은 책을 읽다가 요긴한 대목을 만나면 곁에 쌓아둔 종이를 꺼내 옮겨 적었다. 이렇게 적은 쪽지들이 상자에 잔뜩 쌓인다. 그러면 어느 날 계기를 마련해 상자를 열고 그 안의 내용을 하나하나 검토한다. 초록할 당시에 이미 주견이 서 있었으므로, 갈래별로 분류하는 것은 그다지 어려운 일이 아니었다.

정민한양대 교수의 〈다산선생 지식경영법〉에 나오는 대목으로 다산 정약용이 독서할 때 이용한 방법이다. 다산이 500권에 이르는 방대한 책을 펴낼 수 있었던 것은 책을 읽으면서 필요한 내용을 메모하고 갈래별로 분류해 둔 덕분이었다.

독서할 때는 현재 어떤 위치, 어떤 입장에 있느냐에 따라 또 어디에 관심을 두느냐에 따라 메모의 내용도 달라지기 마련이다. 특히 독서 메모에서 중요한 것은 자신만의 분야를 선택하고 집중해서 메모를 하는 부분이다. 독서 메모에서 가장 필요한 것은 바로 '선택과 집중'이다. 다산과 류비셰프, 안철수는 독서를 할 때 메모를 잘 활용한 대표적인 사람들이다. 자투리 시간의 활용과 시간 통계, 책을 읽을 때 요점과 분석, 비판을 메모하는 생산적 독서 방식은 오늘을 사는 모든 이들이 한번쯤 시도해 봐도 좋을 듯하다.

메모 습관은 성공의 필수 동반자

안철수의 메모는 독서를 하며 자연스럽게 시작됐다. 책을 읽으며 하나의 개념을 적으면 거기에서 하나의 문장이 나왔다. 하나의 문장에서 수많은 문장이 모여져 하나의 칼럼이 나왔다. 또 수많은 문장은 한 권의 책이 되었다. 그렇게 해서 나온 책들이 수 권에 이른다. 〈CEO 안철수, 영혼이 있는 승부〉, 〈CEO 안철수, 지금 우리에게 필요한 것〉 등이 그 결과물이다. "나는 생각이 나면 메모했다. 메모지를 묶으니 책이 됐다"는 말은 우연이 아니다.

2001년에 펴낸 〈CEO 안철수, 영혼이 있는 승부〉는 서초동 뒷골목의 허름한 사무실에서 3명의 직원으로 출발한 안철수바이러스연구소를 설립할 때부터 투명한 기업 문화를 자랑하는 기업을 만들기까지 6년에 걸친 안철수의 삶과 기업에 대한 철학을 담은 책이다. 그가 6년 동안 틈틈이 써두었던 6천 매의 원고를 다시 정리한 것인데, 이 원고의 바탕은 그동안 해둔 이루 헤아릴 수 없는 메모였다.

그 이후에도 메모와 일기를 비롯해 홈페이지의 CEO 칼럼, 직원들에게 보내는 이메일 등 안철수의 글쓰기는 계속되었다. 그렇게 3년이 지나자 글의 분량이 어느새 원고지 3천 매가 넘었고, 그 내용은 고스란히 다음 책인 〈CEO 안철수, 지금 우리에게 필요한 것〉에 담겼다.

메모와 독서는 참으로 궁합이 잘 맞는 습관이다. 안철수의 경우처럼 책을 읽으면서 메모를 꾸준히 한다는 것은 '주기억장치'와 '보조기억장치'를 적절히 관리하고 있다는 뜻이다. 그 보조기억장치가 바로 메모다. 메모의 시작이 공부로 접목이 되어 새로운 비즈니스의 동반자 역할을 해서 기획력과 실행력을 높일 수 있었던 것이다.

안철수는 책을 읽으면서 먼저 자신만의 느낌과 관점을 메모한다. 책을 읽으면서, 회의를 하면서, 길을 걷다, 또 차 안에서도 언뜻언뜻 떠오르는 생각이나 아이디어를 메모한다. 메모를 하면서 지엽적인 문제에 대한 해결책과 아이디어를 얻는다. 보다 큰 결실은 메모보다 글을 쓰는 데서 나온다. 글을 쓰다 보면 큰 결정에 대한 장기적인 안목, 시야에 대한 힌트를 얻을 수 있다는 것이다.

글을 쓸 때 그는 단순히 남의 말을 책으로 옮기지 않는다. 그것은 독자에게 일종의 소음이 될 수 있기 때문이다. 처음에는 수준이 낮더라도 자신만의 목소리를 글로 표현하는 게 바람직하다. 나름대로 부가가치를 전달할 수 있는 글, 나만의 목소리를 내는 게 더 중요하다고 본다.

안철수 메모의 또 다른 특징은 당장 해야 할 일에 대한 끊임없는 '관찰'의 기록이라는 점이다. 주요한 행사나 일이 대기해 있을 경우에도 그는 어김없이 순간순간 떠오르는 아이디어를 메모해 놓는다. 어떻게 해야 하는지에 대한 반짝이는 아이디어들이다. 아이디어가 모이면 그 메모들을 통해 어떻게 해야 할지 방향을 잡을 수 있다. 하나의 일을 하다 보면 무심결에 다른 일에 대한 아이디어도 불쑥 떠오른다. 그때마다 메모해 두면 생각이나 아이디어가 정리되고 어떻게 해야 좋을지 방향을 잡을 수 있다는 것이다.

그래서 그의 집과 사무실은 물론이고 날마다 들고 다니는 가방 속도 책과 메모지로 가득하다. 그는 정보를 얻을 때만큼 행복한 순간이 없다고 말한다. 안철수는 "메모는 보조기억장치"라면서 "아이디어가 생각날 때마다 아무 데나 메모를 한다"고 말한다. 명함에 하기도 하지만 주머니에 특별히 메모를 위한 도구를 갖고 다니지도 않는다. 일종의 실리콘밸리 스타일이다. 벤처기업이 밀집한 실리콘밸리는 그야말로 아이디어 전쟁의 최격전지다. 카페나 음식점에 가면 금방 알 수 있다. 테이블마다 하나같이 종이와 냅킨이 비치돼 있다. 식사 후나 차를 마신 자리에는 메뉴가 적힌 표지가 여기저기 뜯겨져 있다. 순간적으로 떠오른 아이디어를 급하게 식탁 위에 있는 종이에 적고 찢어간 것이다. 아이디어는 말이나 마음속에 떠다니는 것만으로는 아무런 가치가 없다. 글로 옮겨져 비로소 하나의 아이디어로 구체화될 때 가치를 획득하는 것이다.

"아이디어는 휘발성입니다. 끊임없이 머릿속에서 생성되지만 메모를 해서 이를 구체적인 정보나 기획으로 바꾸지 않으면 그냥 휘발성 물질처럼 형체 없이 사라져버리죠. 메모를 해두지 않으면 잊어버리기 쉽고 그 생각을 다시 떠올리기란 여간 힘든 작업이 아닙니다."

안철수는 메모를 한 후 나중에 그 메모지를 보고 난감한 적이 한두 번이 아니라고 한다. 자신이 써놓은 글씨를 알아보지 못하는 경우가 왕왕 있기 때문이다. 메모할 때는 분명히 정확히 써놓았는데 도무지 무슨 말인지 알아볼 수 없을 때가 있다는 것이다.

대학교수가 된 요즘 그가 자주 하는 메모는 주로 수업과 관련된 것들이다.

"교수가 강의를 할 때 이론적인 내용 위주로 가르치는 것보다 풍부한 사례를 곁들여 가르치는 게 효과적인 것 같아요. 저도 다양한 사례를 수집해 강의하려고 노력합니다."

안철수는 메모를 할 때 노트북을 곧잘 활용한다. 바탕 화면에 파일을 만들어놓고 틈나는 대로, 아이디어가 떠오르는 대로 메모를 한다. 가능하면 순간적으로 떠오른 아이디어라도 하나의 문장으로 만들어 기록해 둔다. 한 줄로 표현된 글이 그에게는 유용한 글감이기 때문이다.

"핵심 단어만 메모해 놓거나 순간적인 느낌을 한 줄로 메모해 놓습니다. 메모해 둔 단 한 줄에서 칼럼 내용을 아우르는 글이 나옵니다. 한 줄만으로 수십 장의 원고를 써낼 수 있는 거죠. 완전히 소화된 나의 것이 나옵니다."

안철수는 "원문은 잘 인용하지 않는데 그 인용구가 자신의 사고나 생각을 규정해 버릴 수 있기 때문"이라고 말한다. 책을 읽을 때 내용을 자신의 것으로 소화하고 이어 개념화를 거쳐 자신의 체험과 연결되어야만 독창적인 해석이 나온다는 것이다. 이는 한 달에 한두 권의 책을 읽어서는 가능하지 않다.

초등학생 때부터 독서광이었던 안철수는 책을 읽으면서 집중력과 상상력을 키울 수 있었다. 이는 또 혼자 공부할 수 있는 능력을 키워줬다. 독서광이 되면 1분도 아까운 법이다. 절로 시간 관리의 고수가 되는 것이다. 안철수는 언론과의 인터뷰에서 자신이 내세울 수 있는 능력으로 초년기에는 '집중력 있게 책을 읽는 능력'과 '상상력'을, 청소년기에는 '자기주도 학습 능력' 그리고 '시간관리 능력'을 꼽았다. 그의 이런 능력들은 어쩌면 독서가 가져다준 전리품이라고 하겠다.

안철수의 메모와 독서법은 다음과 같이 요약할 수 있다.

1 아이디어는 휘발성이다. 메모는 아이디어가 날아가지 않게 하는 보조기억 장치 역할을 한다. 주기억장치만으로는 모든 것들을 기억할 수 없다.

2 메모광이 되려면 먼저 독서광이 되어라. 독일의 문호 마르틴 발저는 "우리는 우리가 읽는 것으로 만들어진다"고 했다. 책은 우리 인간이 '어떤' 것을 이루고 '무엇'인가 되는 데 가장 유익한 길잡이다.

3 책을 읽을 때 키워드나 개념어 중심으로 메모하라. 키워드나 개념어는 문제 해결의 열쇠다. 핵심적인 단어를 이해하면 구체적인 세부 내용을 메모하지 않아도 된다.

4 책을 읽을 때 인상적인 내용은 자신의 관점을 담아 하나의 문장으로 만든다. 자신만의 주관적인 생각이나 관점을 하나의 문장으로 표현해 놓으면 그게 원고지 10, 20매 분량의 칼럼이 될 수 있다.

5 책을 읽고 본문 내용을 그대로 메모하지 않는다. 단순히 남의 말을 책으로 옮기는 것은 자신만의 관점을 형성하는 데 별 도움을 주지 못한다. 앵무새처럼 책의 내용을 옮기면 그 책은 영혼이 없다. 처음에는 수준이 낮더라도 나만의 목소리를 글로 표현하는 게 바람직하다.

6 메모지가 쌓이면 절로 책이 된다. 수시로 하는 메모는 하나의 글이 되고 문장이 된다. 그 글이 모이면 하나의 책으로 탈바꿈된다. 안철수의 메모는 단순한 메모가 아닌 책을 쓰는 기초 작업인 셈이다. 메모지가 쌓이면 한 권의 책이 된다.

7 디테일한 것들을 메모하면 큰일에 대한 방향이 보인다. 큰일이나 프로젝트를 앞두고 있다면 먼저 아이디어가 떠오를 때마다 메모를 하라. 수많은 메모들에서 기획의 방향이나 길을 찾을 수 있다.

8 메모광이 되려면 먼저 끊임없이 관찰하라. 관찰하는 데서 메모는 시작한다. 호기심과 관찰은 메모광이 되기 위해서 필수적이다. 관찰하며 어떤 생각이든 기록하는 게 중요하다.

9 노트북에 파일로 만들어 저장한다. 노트북을 쓸 수 있는 사무실에서 메모할 경우 처음부터 파일에 메모해 저장한다. 메모는 데이터화하고 누적시켜 저장한다.

10 아주 가끔은 메모한 내용을 알아보지 못할 때도 있다. 메모란 그런 것이다. 이런 해프닝이 없다면 메모광이라고 할 수 없다.

메모가 쌓이면 책은 절로 된다

고은 시인의 〈그 꽃〉 (……) 내려갈 때 보았네. 올라갈 때 못 본 그 꽃 (……) 이 가을에 읊조릴 만한 시 (……) 주말에 정호승 시인의 〈밥값〉을 읽었다. 2010.11.4.

창작 활동의 비결이 뭐냐는 질문에 헤밍웨이는 "여하튼 매일 정해진 시간에 책상에 앉는 것이다"라고 말했답니다. 2011.3.5.

롯데정보통신 오경수 대표는 수년 전부터 '정보곳간 즐겨찾기'라는 제목의 노트를 지인들에게 보내고 있다. 메모노트에는 그가 CEO로 재임하면서 바쁜 와중에 쓴 글을 프린트로 출력해 오려 붙인 것이다. 모두 수작업이어서 그 열의에 감탄사가 절로 나왔다. 위의 글은 여기에 담긴 인상적인 구절을 옮겨 본 것이다.

겉표지에는 또 이런 글이 있다.

앨빈 토플러도 무용지식Obsoledge을 버리고 참지식Knowledge으로 우리들의 암묵지暗默知에 차곡차곡 담아놓으라고 합니다. 화두가 생길 때마다 가끔씩 들춰보시길 기대합니다.

여기서 암묵지라는 말은 영국의 철학자이자 물리화학자인 마이클 폴러니가 구분한 지식의 한 종류이다. 폴러니는 지식을 암묵지暗默的 지식와 명시지明示的 지식 또는 형식지形式知로 구분한다. 암묵지暗默知는 학습과 경험을 통해 습득함으로써 개인에게 체화되어 있지만 언어나 문자로 표현하기 어려운, 겉으로 드러나지 않는 지식을 말한다. 인간 행동의 기초가 되는 지식으로 오랜 경험이나 자기만의 방식으로 체득한 지식이나 노하우가 여기에 속한다. 이와 상대적인 개념으로는 문서 등으로 표출되는 명시지明示知가 있다.

오경수 대표가 이런 구절을 겉표지에 넣은 것은 바로 암묵지의 중요성을 강조하기 위한 것일 게다. 암묵지는 직관이나 번뜩이는 아이디어, 창의적 사고의 샘이다. 암묵지가 많이 저장될수록 그 사람의 내면은 깊어질 것인데 이게 말하자면 지식이 체화된 상태의 '내공'이다. 결국 내공은 지속적으로 독서에 의해 건져진 콘텐츠에 달려 있기 때문이다.

오경수는 메모를 아주 꼼꼼히 하는 스타일로 이를 재활용하는 데도 일가견이 있다. 그는 1주일 단위로 메모의 내용을 재정리하면서 통계를 내는 방법으로 그 활용도를 높인다.

예컨대 오경수는 기업 경영자로서 각종 모임에 나갈 기회가 많다. 고객과의 미팅이나 접대, 동문회, 친구 모임, 사우회 모임, 향우회 등이 있다. 그는 모임을 기록해 두었다 1주 단위, 매달 단위로 통계를 냈다. 그런데 매달 통계에서 웬일인지 고객과의 미팅 등 업무와 관련한 모임은 많지 않고, 오히려 향우회나 친구 등 사교적인 모임이 더 많이 나타났다. 메모를 통해 확보된 통계에 대해 그는 이렇게 해석했다. "요즘 CEO로서 회사 경영에 소홀히 하고 있다."

오경수는 이런 결론을 내리고 그날부터 모임의 빈도를 재조정했다. 가장 우선적으로 고객과의 미팅에 비중을 두고 횟수를 늘리도록 했다. 반면 동문회나 친구 등 사교 모임은 줄이도록 한 것. 수많은 메모광들이 있지만 오경수만큼 메모에 대해 통계적 수치까지 내서 이를 재활용하는 경우는 흔하지 않다.

메모를 하면 정보의 재활용이 가능하다. 단편적인 사실이나 그냥 흘려보내 버릴 수 있는 훌륭한 아이디어를 모아서 잘 정리해 두면 나중에 다시 사용할 수 있는 좋은 정보 자산이 될 수 있다. 메모는 하나의 정보를 여러 번 사용하도록 하는 가장 기초적인 수단인 동시에, 정보의 재활용을 촉진시키는 촉매제인 것이다.

움베르트 에코가 쓴 〈젊은 소설가의 고백〉을 보면 정보와 자료 수집, 메모와 콘텐츠의 깊이가 글쓰기의 내공을 결정함을 알 수 있다. 그는 이 책에서 어떻게 세계적인 베스트셀러가 된 〈장미의 이름〉과 〈푸코의 진자〉와 같은 소설을 쓸 수 있었는지 그 속살과 같은 비밀을 들려준다. 애당초 학자였던 에코는 초대박 베스트셀러 작가가 되었다. 그 비결은 바로 '콘텐츠 내공'이었다. 그는 소설을 쓰기 전에 내용을 이루는 대부분의 자료와 콘텐츠를 미리 확보하고 있었던 것이다.

에코는 1978년 초, 작은 출판사에서 일하는 한 친구로부터 비소설가들철학자, 사회학자, 정치인 등에게 단편 추리 소설을 의뢰하는 중이라고 말했다. 당시 에코는 창작에 관심이 없으며 자연스러운 대화체 글을 쓰는 데는 소질이 없다고 친구에게 말했다. 에코는 집에 돌아가자마자 책상 서랍을 뒤져 그 전해에 갈겨놓은 글을 찾았다. 수도사들의 이름 몇 개를 적어둔 종이였다. 그 글은 마음속 내밀한 곳에서 소설에 쓸 아이디어가 이미 자라고 있었다는 뜻이었지만 당시에는 스스로 전혀 깨닫지 못했다고 한다. 그 시점에 떠오른 생각은, 어떤 책을 읽던 수도사가 독살당하는 얘기면 좋겠다는 게 전부였다. 그렇게 에코는 〈장미의 이름〉을 쓰기 시작했다.

그는 소설이든 시든 모든 글을 쓸 때 번뜩이는 영감보다 철저하게 자료를 수집하고 준비하는 노력의 중요성을 강조한다. 그가 〈장미의 이름〉을 완성하는 데는 불과 2년밖에 걸리지 않았다. 그것은 중세 시대에 대해 더 연구할 필요가 없었다는 단순한 이유 덕분이었다. 에코는 이미 중세에 대한 폭넓은 자료를 확보하고 있었다. 당시 그는 토마스 아퀴나스의 미학을 주제로 박사 논문을 썼고 그 후로도 중세에 대한 연구를 더 이어가고 있었다.

에코는 이 소설을 쓰기 전 몇 년 동안 로마네스크 양식의 수도원과 고딕 양식의 대성당 등을 찾아다녔다고 한다.

소설을 쓰기로 마음먹었을 때, 나는 마치 수십년 동안 중세에 관한 정보들만 모아두었던 널찍한 벽장을 여는 것 같았다. 필요한 모든 자료가 내 코앞에 있었고 나는 단지 고르기만 하면 되었다.

그러나 에코도 자료를 준비하지 않은 상태에서 소설을 쓸 때는 상황이 달랐다. 자료가 없는 상태였기에 많은 시간이 걸렸던 것이다. 〈푸코의 진자〉를 쓸 때는 8년이 걸렸고 〈전날의 섬〉과 〈바우돌리노〉는 6년이 걸렸다고 한다.

에코는 "나는 문학적 잉태의 시기에 어떤 일을 할까. 서류를 수집한다"고 잘라 말한다. 말하자면 이게 그의 글쓰기 비법인 것이다. 글을 쓰기 전에 이미 글쓰기에 필요한 재료를 확보하고 세밀하게 구상하면서 작품을 완성해 나간다는 것이다.

여기저기 찾아다니고 지도를 그리고 건물들의 배치를 눈여겨보기도 한다. 〈전날의 섬〉을 쓸 때는 배의 구조를 공부했다. 그리고 등장인물들의 얼굴을 스케치한다. 〈장미의 이름〉의 경우에는 등장하는 수도사들을 모두 초상화로 만들었다. 나는 이렇게 소설을 준비하는 몇 해를 일종의 마법의 성에서, 달리 표현하면 자폐의 바다 안에서 빠져 지낸다.

중세에 관한 글을 쓸 때에도 거리에서 지나가는 자동차를 보고 그 색상이 인상에 남은 경험을 노트에 기록하거나 머리에 기억해 두었다가 묘사를 세밀화하는 데 참고한다.

또한 밤늦게 파리를 가로지르는 장면을 묘사하기 위해, 새벽 두세시의 파리를 숱하게 배회하며 거리나 교차로의 이름이 틀리지 않도록 휴대용 녹음기에 자신이 볼 수 있는 모든 것을 담아냈다고 한다. 콘텐츠를 확보하기 위한 이런 준비과정이 있었기에 세계적인 베스트셀러 작가가 될 수 있었던 것이다. 에코의 글쓰기 비밀은 사전에 확보하는 콘텐츠에 달려 있는 것이다.

"동트기 전에 일어나라. 기록하기를 좋아하라." 강진의 다산기념관 옆에 적힌 다산의 어록이다. 다산은 동트기 전에 일어나 끊임없이 독서를 하면서 초서를 했고 그게 바탕이 되어 500권이나 되는 책을 저술할 수 있었다. 안철수는 메모가 바탕이 되어 영혼을 울리는 책을 낼 수 있었다. 또한 독서를 통해 삶의 원칙과 철학을 내재화 하면서 '착한 양보'

와 '착한 성공'을 이루어 안철수 신드롬을 불러 일으킬 수 있었다. 누구나 동트기 전에 일어나 자신만의 콘텐츠 가꾸기에 나선다면 언젠가는 에코처럼, 안철수처럼 콘텐츠의 고수가 되고 가슴이 품은 꿈을 이룰 수 있지 않을까?

아버지는
자녀의 본보기

성공으로 이끄는
아버지 요인에 주목하라

아들아, 아무리 처한 현실이 이러해도(참혹해도) 인생은 정말 아름다운 것이란다.

— 영화 〈인생은 아름다워〉 중에서

미국에 IQ 190의 크리스 랭건이라는 천재가 있다. 랭건은 자기 스스로 "나보다 똑똑한 사람이 있다고 생각하지 않는다"고 말할 정도로 특출한 천재였다. 현재 랭건은 미주리 주의 교외에 있는 말 목장에서 책을 읽으며 지극히 '평범하게' 살고 있다. 100만 명 중에 한 명 태어날까 말까 한 두뇌의 소유자가 지금껏 세상에 아무런 영향을 미치지 못하고 있는 것이다.

랭건이 실패한 천재가 될 수밖에 없었던 원인은 부모의 도움을 받지 못한 가난하고 비참한 어린 시절에 답이 있다. 랭건은 형제가 네 명인데 모두 아버지가 달랐다. 너무 가난했고 부모로부터 아무런 교육도 받지 못했다. 전액 장학금을 받고 대학에 들어갔지만 문화적 충격을 겪으면서 적응하지 못했다. 먹고살기 위해 고군분투하며 건설 현장에서 일하고 추운 겨울에 조개잡이 배를 났다. 공상과 바에서 일하며 돈을 벌기도 했다. 그 와중에 철학과 수학, 물리학을 연구해 스스로 '우주의 인식론적 모델'이라고 이름 붙인 저술 작업을 했다. 하지만 학계에 속하지 못했기 때문에 연구 성과를 학술지에 발표조차 할 수 없었다. 대학을 2학년 1학기까지만 다녀

학위도 따지 못했기 때문이다. 결국 랭건은 천재임에도 불구하고 아무런 업적도 일 궈낼 수가 없었다.

반면 핵무기를 개발해 제2차 세계대전을 종식시키는 데 기여한 물리학자 로버트 오펜하이머도 랭건처럼 천재였는데 부모의 지원에 힘입어 세계적인 물리학자로 성 장할 수 있었다. 랭건과 오펜하이머의 차이는 바로 아버지다. 오펜하이머는 예술가 이자 상업의류 생산업자인 아버지 덕분에 뉴욕 맨해튼에서 부유한 이웃과 함께 성장 했고 사립학교에 들어가 자긍심을 북돋워주는 교육 환경 속에서 자랐다.

또한 자수성가형이었던 아버지는 오펜하이머에게 어린 시절부터 힘겨운 조건하 에서 협상하는 방식과 자기 생각을 당당하게 표현하는 법을 가르쳐주었다. 그는 학 교 교육과 부모의 가르침을 통해 그가 세상으로부터 원하는 것을 얻어내는 데 필요 한 방법이 무엇인지 배웠다. 그리고 결국 2차 세계대전 때 핵무기를 만든 맨해튼프 로젝트의 일원이 되어 성공한 과학자가 될 수 있었다.

반면 황량한 환경에서 자란 랭건은 집안에서 늘 술 취한 양아버지에게 시달렸고 권위에 대해 불신하게 되었으며 홀로 서기 위해 돈벌이에 나서야 했다. 이것이 바로 랭건과 오펜하이머의 결정적 차이다.

오펜하이머와 랭건의 사례는 아무리 뛰어난 천재라 할지라도 그 천재성을 세상에 드러내는 방법을 배웠느냐의 여부가 결과를 전혀 다르게 한다는 것을 시사한다_{말콤} 글래드웰, 《아웃라이어》, 김영사, 2009. 랭건도 세상살이의 지혜를 가르쳐줄 수 있는 아버지를 만났다면 천재성을 발휘할 수 있었을지도 모른다.

아버지에게 공부의 본보기를 배우다

안철수가 책을 가까이하게 된 것은 어린 시절 항상 책을 읽는 모습을 보여준 아버지 덕분이었다고 한다. 부산 범천동의 가난한 동네에서 80

세가 넘은 나이에도 지금까지 의사로 활동하는 부친 안영모 옹은 환자만큼이나 책을 가까이했다. 안 옹은 진료 시간 틈틈이 일본어 소설을 읽을 정도로 독서를 생활화했다. 안철수는 "전공이 따로 없었던 시대에 의사가 되신 아버지는 56세에 전문의 가정의학과 시험을 치러 통과하셨다"면서 이때 평생 연구하며 최선을 다하고 도전하는 아버지의 모습에 큰 감명을 받았다고 한다.

안 옹은 1963년 '범천의원'을 열어 가난한 이웃들의 벗이 돼 왔다. 안 원장은 사명감을 가지고 사회에 봉사하고 공헌하는 지성인의 삶을 실천하며 아들 안철수에게 본보기가 되었다. 안 원장은 일제 치하 시절 6년제 부산공립공업중학교를 졸업하고 서울대 의대를 나와 7년간 군의관 복무를 마친 뒤 의사의 길을 걸어왔다. 1963년, 갓 돌이 지난 아들 안철수를 안고 당시 부산의 판자촌인 범천동으로 간 안 원장은 그곳에서 병원을 개업했다. 영양실조와 각종 고질병이 난무하던 가난한 동네에 병원을 차린 안 원장은 시내 병원의 절반 값을 진료비로 받으며 형편이 어려운 이들을 치료했다. 안 원장은 자녀들에게 "금전에 눈을 두지 말고 명예를 중히 여겨라. 지금까지 좋은 일을 했더라도 앞으로 더 많이 해야 한다. 평생 남을 위하는 마음으로 살라"고 강조했다. 안철수의 "능력 있는 사람이 사회에 베풀어야 한다"는 인생 철학은 그의 아버지로부터 온 것이다〈조선일보〉, 2009.6.19

특히 안영모 원장은 돈이 없는 이웃에게는 진료비를 받지 않았다. 안철수가 초등학생 시절 아버지가 병원 앞에서 교통사고를 당한 신문 배달 소년을 병원으로 데려가 치료해 주었는데 "어린 학생이 돈이 어디 있겠느냐"며 치료비도 받지 않고 그냥 보내준 일이 있었다. 이 일이 주위에 알려져 신문에 실렸는데 어린 안철수는 이 기사를 보고 크게 감동받았다고 한다.

부모님은 저에게 이래라저래라 하는 말을 거의 안 하셨어요. 어렸을 때 아버지가 병원 앞에서 교통사고를 당한 신문 배달 소년을 무료로 치료해 줬다는 내용의 신문기사를 본 적이 있었죠. 또 아버지는 진료가 없을 때는 항상 책을 보고 계셨어요. 거의 다 일본 소설책이었지만요. 〈매일신문〉, 2008.9.20.

안철수는 "세상을 살아가는 방식에 대해 아버지로부터 직접 가르침을 받은 적은 없지만 이런 모습을 통해 인생의 가치관을 세운 것은 사실"이라고 밝혔다. 달리 말하자면 안철수가 컴퓨터바이러스 백신을 무료로 일반인에게 제공하며 기업인의 사회적 책임을 실천한 것은 이러한 아버지의 가르침 덕분이라고 할 수 있다. 다시 말하자면 안철수의 '착한 성공'의 밑바탕이 되고 있는 '이타적 경영'은 어린 시절 아버지로부터 '학습'된 것이다. 낙관주의가 학습에 의해 이루어져 긍정적인 생각과 실천을 낳아 개인을 변화시키듯 안철수의 이타주의는 어린 시절 아버지의 무료 의술 활동에서 학습된 것이라고 할 수 있다.

안철수는 많은 면에서 빌 게이츠와 닮았다. 7년 동안 프로그래밍을 한 것이 그렇고 청소년기까지 부모님의 영향을 크게 받았고 또한 독서광이었다는 점이 그렇다.

평생의 삶을 살찌우고 마음의 양식이 되는 것으로 독서보다 더 좋은 습관은 없다. 빌 게이츠는 "컴퓨터가 결코 책의 역할을 대체하지는 못할 것"이라고 말한다. '컴퓨터 황제'로 군림하지만 자녀들에게는 컴퓨터 사용을 하루 30분으로 철저하게 제한하고 있다. "내 아이들에게 당연히 컴퓨터를 사줄 것이다. 하지만 그보다 먼저 책을 사줄 것이다"라고 말하기도 했다. 그만큼 책에 무한한 신뢰를 보내고 있다. 워싱턴 호숫가에 있는 빌 게이츠의 저택에서 가장 두드러진 건물이 바로 그의 개인 도서관이다. 그곳에 수만 권의 장서를 보관하고 있는데 그만큼 책을 중시한다는 증거다.

빌 게이츠의 부모는 미국 시애틀에서 아들 못지않은 유명 인사다. 변호사인 아버지 윌리엄 게이츠는 시애틀의 양대 로펌 중 하나로 변호사 1,400명을 거느린 '프레스턴 게이츠 앤드 엘리스'를 공동 창업했다. 빌 게이츠가 아홉 살이던 1964년의 일이다.

안철수의 부친 안영모 옹은 안철수가 세 살 때 범천의원을 세웠다. 빌 게이츠의 아버지가 변호사이자 거부인 반면 안 옹은 50년 가까이 가난한 동네에서 가난한 사람들의 이웃이 되어 살고 있다.

부모의 믿음이 자녀에게는 힘이다

어떤 사람들은 아버지가 자식의 진로와 직장 생활에 영향을 준다는 말을 받아들이려고 하지 않는다. 그러나 지금 성인이 된 자녀들이 사회생활을 하면서 겪는 문제의 근원을 추적해 보면 아버지의 영향이 아주 크다.

스테판 폴터는 〈아버지〉라는 책에서 모든 인간관계의 핵심에는 아버지가 영향을 미치고 있다면서 이를 '아버지 요인father factor'이라고 규정한다.

조직 생활을 힘들어하고 인간관계를 제대로 풀어나가지 못하는 사람의 경우는 상당 부분은 아버지 문제가 원인이라는 뜻이다. 이 책은 과거 자신의 아버지 유형을 파악하고 그로 인한 현재의 자신을 진단하며, 거기서 더 나아가 아버지 그늘에서 벗어나 성공적인 사회생활을 하기 위한 방향을 구체적으로 제시한다.

때로는 아버지와 전혀 다른 길을 걸으며 성공하고 아버지의 영향을 부정하는 사람들도 있다. 이런 사람들은 자신의 선택에 아버지가 영향을 주었냐는 물음에 "아버지는 전기기사였지만 저는 변호사입니다. 그러니 아버지가 제게 영향을 주었을 리는 만무하지요"라고 대답한다. 그러나 스테판 폴터는 누구도 어린 시절 겪게 되는 아버지의 영향을 벗어날 수 없다고 강조한다.

우리들 대부분은 아마 직장에서 자신이 하는 말이나 감정이 아버지를 떠올리게 해서 깜짝 놀라는 경험을 했을 것이다. 흔히 사람들은 아버지가 자기에게 말했던 방식 그대로 부하 직원에게 말하고, 때로는 똑같은 말과 표현을 사용한다.

흔히 주위에서 아들이 "아버지를 닮지 않겠다"거나 딸이 "엄마처럼 구질구질하게 살지 않겠다"고 말하는 경우를 많이 듣는다. 그러나 이러한 결심과 달리 우리는 어느 순간 자신에게서 부모의 모습을 발견하게 된다. 특히 유년 시절 부모의 영향이 크게 작용한다. 또 부모가 이런 말을 입에 담으면 어느새 자녀 자신도 모르게 부모가 한 말을 따라 하다 깜짝 놀라고는 한다.

폴터는 "아버지 요인은 의식적, 무의식적으로 우리의 직업 선택과 경력 발달을 결정하는 기초로 작용하고 있다. 또한 우리가 개발하고자 하는 능력과 의미 있는 인간관계를 형성하는 힘에도 결정적 영향을 준다"고 강조한다. 그는 직장 생활과 가정 생활에서 잠재 능력과 역량을 극대화하기를 원한다면 아버지 요인을 반드시 이해해야 한다고 주장한다. 폴터는 "아버지 요인을 인식하지 못할 때 우리의 업무와 진로는 좋지 않은 영향을 받는다"면서 "아버지 요인을 올바로 인식하고 제대로 다루는 방법을 배운다면 오히려 성장의 발판으로 삼을 수 있다"고 강조한다.

성공한 사람들은 대체로 '아버지 요인'을 긍정적으로 받아들이고 인정한다. 심지어 존경심을 드러내기까지 한다. 빌 게이츠와 안철수가 가장 존경하는 사람은 아버지라고 한다. 심리학자들의 주장에 따르면 이타주의자들의 특성은 부모의 가치를 채택해 어느 한 부모와 견고한 관계를 형성하는 것으로 나타났다. 바로 빌 게이츠와 안철수의 경우가 여기에 해당한다.

빌 게이츠와 안철수는 아버지의 뒤를 이어 변호사와 의사가 되고자 했지만 컴퓨터를 만나면서 인생의 중대한 전환을 한다. 이때 두 아버지는 아들의 뜻을 존중하며 격려를 아끼지 않았다. 자녀를 스스로 독립된 인격체라고 생각했기 때문이다. 그러한 부모의 믿음으로 이들은 주체적으로 인생을 개척할 힘을 얻었다.

아주 어린 아이들도 일과 돈의 가치에 대한 아버지의 태도와 행동에 주의를 기울인다. 아들과 딸은 돈과 일에 관해서는 마치 먹이를 찾는 매처럼 아버지를 주시한다.

폴터의 이 말은 안철수에게도 해당된다. 아버지는 진료를 받기 위해 먼저 돈을 가져오라고 하는 의사가 아니었다. 돈이 없는 사람에게는 돈을 받지 않고 기꺼이 치료를 해주었다. 그런 아버지를 보고 자랐기에 오늘의 안철수가 존재할 수 있는 것이다.

폴터는 "배려하는 멘토형 아버지를 둔 자녀는 자신의 능력과 가치를 믿고 확신하며 꿈과 목표를 추구하고 모험을 시도한다. 사랑받고 있다고 느끼며 아버지와의 관계가 행운이라고 생각한다"고 말한다. 또한 "우리가 계속해서 성공을 거둘 확률은 정서적 지지와 심리적 지원을 받을 때 훨씬 높아진다"고 했다.

안철수는 큰 '의미'가 주어지면 그때마다 새로운 도전에 나섰다. 그가 거듭 새로운 도전에 나설 수 있었던 데에는 이러한 숨은 요인이 작용하고 있다고 보여진다. 안철수는 필자와의 인터뷰에서 "앞으로 더 큰 의미가 주어지면 교수직을 그만두고 새로운 길에 나설 수 있다"고 말했다. 그 힘은 아버지가 보여준 '책 읽고 공부하는 본보기' 즉, '열공열심히 공부 정신'에서 시작된 것이라고 하겠다. 50대의 아버지가 보여준 그 도전 정신이 안철수가 오늘날 다시 의미가 있는 길을 찾아나서게 하는 원동력인 것이다.

—

Good-natured
Power

—

몇 배의
시간 투자

1만 시간은 스페셜리스트가 되기 위한 매직 넘버다

가까운 숲으로 놀러 가는 사람은 세끼 먹을 것만 가지고 가도 돌아올 때까지 배고픈 줄 모르지만, 백리 길을 가는 사람은 하룻밤 지낼 양식을 준비해야 하고, 천리 길을 가는 사람은 석 달 먹을 양식을 준비해야 한다.

— 〈장자〉 중에서

　1968년, 열세 살 때 빌 게이츠는 레이크사이드 학교의 학부모회가 사준 컴퓨터터미널 덕분에 그 컴퓨터가 연결된 워싱턴 대학 컴퓨터센터에서 밤새 프로그램을 연구할 수 있었다. 하버드 재학 시절에도 컴퓨터실은 빌 게이츠의 사무실이나 다름없었다. 대학 2학년, 자신의 소프트웨어 회사를 차리기 위해 하버드를 중퇴할 때까지 그는 7년간 쉼없이 프로그래밍을 해왔다. 그 시대에 빌 게이츠와 같은 행운을 누릴 수 있었던 10대가 전 세계에 얼마나 될까? 그 당시 우리나라에는 컴퓨터라는 개념조차 없었다. 빌 게이츠가 대한민국에서 태어났다면 결코 오늘날의 빌 게이츠는 존재하지 못했다는 가설이 성립된다.

준비한 자만이 기회를 얻을 수 있다

안철수 역시 누구보다 컴퓨터를 앞서 접했다. 그가 컴퓨터를 처음 접한 것은 1982년 가을이었다. 당시 서울대 의예과 본과생이던 안철수는 함께 살게 된 친구의 방에서 개인용 컴퓨터를 보았다.

그 신기한 물건을 앞에 두고 마치 그것이 내 것인 양 흥분을 감추지 못했던 기억이 난다. 중학교 때 읽은 잡지에 해외토픽으로 실렸던 세계 최초의 개인용 컴퓨터를 실물로 본다는 것은 그야말로 가슴 벅찬 일이었다. 안철수 외, 《나의 선택》, 정음, 2003.

안철수는 이때 컴퓨터에 빠져들었고 애플컴퓨터를 구입했다. 그런데 애플컴퓨터를 잘 사용하기 위해서는 프로그램 언어를 학습할 필요가 있었다. 공부의 달인인 그는 즉시 베이직, 기계어를 배우기 시작했다.

그러던 어느 날 컴퓨터가 갑자기 '먹통'이 되었다. 도저히 손을 쓸 수가 없었다. 막막하던 그는 컴퓨터 잡지를 뒤적이다 그것이 컴퓨터바이러스 때문이라는 것을 알았다. 이것이 결국 안철수연구소 창업과 백신 개발로 연결됐다. 그가 누구보다 앞서 컴퓨터를 배우지 않았다면 불가능한 일이었을 것이다. 빌 게이츠처럼 적극적인 컴퓨터와의 '접촉'이 벤처기업 창업의 초석이 되었던 것이다.

여기서 잠시 최근의 흥미로운 분석에 주목해 보자. 〈뉴요커〉 지의 기자로 활동 중인 말콤 글래드웰은 자신의 저서 〈아웃라이어〉에서 세계적인 큰 부자를 만드는 요인으로 개인적인 노력과 부모의 뒷받침뿐만 아니라 '사회·문화적 배경' 역시 중요하다고 분석한다. 성공에 반드시 필요한 '기회'가 늘 자신이나 부모에게서 오는 것만은 아니다. 그것은 우리가 살고 있는 시대로부터 온다. 즉, 역사가 보여주는 특정한 시간과 공간 속의 특별한 기회에서 오는 것이라고 글래드웰은 강조한다. 아웃라이어란, '보통 사람의 범주를 넘어 성공을 거둔 사람, 성공의 기회를 발견해 그것을 자신의 것으로 만든 사람'을 통칭한다.

글래드웰은 세상을 뒤흔든 큰 성공을 이룬 아웃라이어에게는 특별한 기회를 잘 활용하는 능력이 있다고 말한다. 독특한 개인의 재능, 지능, 노력, 열정을 뛰어넘는 것은 바로 사회가 주는 '특별한 기회'와 '역사·문화적 유산'이라는 것이다. 글래드웰에 따르면 성공은 개인적인 특성뿐 아니라 주변 환경과 문화적 유산, 시공간적 기회에 큰 영향을 받는다고 한다.

이런 관점에서 본다면 빌 게이츠와 안철수는 시대보다 한두 발 앞선 컴퓨터와 컴퓨터바이러스와의 조우가 자신의 인생뿐 아니라 사회를 뒤바꾼 결정적인 계기로 작용한 것이다. 안철수는 '성공 요인'에 대해 "시기가 맞은 것 같다. 막 (컴퓨터) 기계어 공부를 끝냈을 때 바이러스를 만났다. 당시 나이가 몇 살 어리거나 더 많았으면 달라졌을 것"이라고 고백한 바 있다 <동아일보>, 2009.6.18.

빌 게이츠도 누구보다 앞서 컴퓨터를 접하고 프로그래밍을 익혔다. 그는 레이크사이드 스쿨의 학부모회가 학교에 기증한 컴퓨터로 10대 초반에 컴퓨터프로그램에 빠졌다.

1968년, 빌 게이츠가 컴퓨터를 처음 접한 것이 더없는 기회로 작용해 오늘날의 마이크로소프트사를 일구었다면, 그로부터 15년이 지난 1983년 안철수가 애플컴퓨터를 처음 접하고 1988년 컴퓨터바이러스를 처음 접한 것이 오늘날의 안철수를 있게 했다. 두 사람의 경우 시대를 잘 만난 덕을 보았다고 할 수도 있을 것이다. 이들은 다른 사람보다 앞서 컴퓨터의 존재와 컴퓨터바이러스를 만나면서 새로운 도전에 나설 수 있었기 때문이다.

글래드웰의 분석은 세상에 회자될 정도로 큰 성공을 이룬 사람들을 예로 든다. 그에 따르면 〈포브스〉가 선정한 인류 역사상 가장 부유한 75인 중 미국인 14명이 19세기 중반에 태어났다. 인류 역사상 최고 부자인 존 D. 록펠러1839를 비롯해 앤드류 카네기1835, J. P. 모건1837 등 14명이 1831~1840년에 태어났다. 그들은 그로부터 30년 후 미국 역사상 가장 큰 변화를 겪었던 1860년대와 1870년대의 주역이 되었다. 그 시기에 철도가 건설되기 시작했고 월스트리트가 태어났다. 전통적인 규칙이 무너지고 새로운 규칙이 만들어진 것이다. 그 변환기에 그들이 몇 살이었는지가 성공의 관건임을 보여준다는 것이다.

그로부터 100여 년이 지난 1970년대에 또 다시 큰 변화의 물결이 경제를 휩쓸었다. 바로 컴퓨터의 등장과 산업화이다. 빌 게이츠나 빌 조이 미국의 컴퓨터 과학자도 같은 방식으로 큰 성공의 기회를 잡을 수 있었다는 분석이다. 즉, 100년 전이 굴뚝형 성공 신화의 전성시대였다면 100년이 지난 1970년대는 컴퓨터 혁명을 선점하는 이가 성공의 주역이 된 것이다. 실리콘밸리의 베테랑들은 개인 컴퓨터 혁명의 역사에서 가장 중요한 해는 1975년이었다고 말한다.

1975년이 컴퓨터 혁명의 여명기라면 그로부터 20년 전에 태어난 인물이 그 시기를 주도할 기회를 잡을 수 있다. 바로 1955년생이 적격이다. 대학을 졸업한 이들은 오히려 낡은 패러다임에 속해 있어 변혁의 주인공이 되기에는 역부족이다. 1954년생은 선마이크로시스템의 빌 조이, 1955년생으로는 빌 게이츠와 스티브 잡스가, 1956년생은 스티브 발머 마이크로소프트 최고경영자가 있다.

〈주역〉에서 성공의 첫번째 열쇠는 타이밍이라고 했다. 여기서 중요한 것이 기다림이다. 기다림에는 믿음이 필수적이다. 가만히 앉아서 기다리는 '소극적인 기다림'이 아니라 정보를 수집하고 시기를 저울질하는 '적극적인 기다림'의 자세가 중요하다.

시기가 오면 큰 강을 건너는 모험利涉大川 정신을 발휘해야 성공의 기회를 잡을 수 있다. 그러나 지나치게 무리해서 건너면 반드시 파멸한다過涉滅頂.

빌 게이츠가 하버드 대학교를 중퇴하고 창업에 나선 것은 그 당시 한 발 앞서 소프트웨어 회사를 차리지 않으면 다른 사람에게 밀려나 두 번 다시 기회가 오지 않을 것이라는 생각 때문이었다. 컴퓨터소프트웨어 시대가 이제 막 시작되는 시기에 '졸업 후에 해도 된다'고 머뭇거릴 경우 다른 사람에게 선점당할 수 있다고 판단한 것이다. 그의 예측은 적중했다. 안철수는 서른네 살에 의학도의 길을 포기하고 컴퓨터 백신 개발 회사인 안철수연구소를 창업했다. 그가 이때 선택을 머뭇거렸다면 우리나라 백신 시장은 외국계 회사로 넘어갔을 가능성이 크다.

빌 게이츠나 안철수처럼 성공한 사람은 모두 시기가 오면 큰 강을 건넜다. 안철수의 '삶의 원칙 7가지' 가운데는 '실행'이 있다. 즉, '천 마디 말보다 하나의 행동이 값지다'는 것이다.

그러나 하마터면 안철수연구소는 세상에 나오지 못할 뻔했다. 대기업과의 제휴도 거절되었다. 그때 안철수가 당장 눈앞의 이익을 중시하는 자본의 장벽 앞에서 주저앉고 말았다면 지금의 안철수는 존재하지 못했을 것이다. 그러나 컴퓨터바이러스의 심각성을 깨달은 안철수는 이에 좌절하지 않고 백신 개발의 도전을 멈추지 않았다.

끈기 있는 사람이 행운을 차지한다

빌 게이츠는 마이크로소프트사를 창업하기 전 중고교 시절부터 하버드 대학에 다닐 때까지 무려 7년 동안1968~1975 컴퓨터프로그래밍에 매달려 지냈다. 레이크사이드 학교의 어머니회가 사준 컴퓨터로 프로그램을 공부할 수 있었고 하버드에서는 아예 컴퓨터실에서 살다시피 했다. 안철수 역시 의대 박사과정을 밟고 의대 교수로 있으면서 빌 게이츠와 마찬가지로 밤을 지새우며 무려 7년 동안이나 바이러스 연구에 매달렸다. 그 역시 철저히 준비했고 컴퓨터 시대의 도래에 맞춰 바이러스 퇴치 백신 프로그램을 세상에 내놓으면서 행운의 주인공이 되었다. 빌 게이츠와 안철수에게서 알 수 있는 것은 집중적인 시간의 투자다.

심리학자 앤더스 에릭슨은 1990년대 초 〈재능논쟁의 사례〉라는 연구에서 프로 연주자는 스무 살까지 매일 연습 시간을 꾸준히 늘려 결국 1만 시간에 도달한다는 것을 밝혀냈다. 반면 엘리트 연주자는 8천 시간, 미래의 음악 교사는 4천 시간을 연습했다. 아마추어들은 1주일에 3시간 이상 연습하지 않았고 스무 살이 되면 2천 시간 정도 연습한 것으로 나타났다.

이것이 이른바 '10년 법칙the 10-year rule'이다. 10년 법칙이란 어느 분야에서 최고수가 되려면 10년간 집중적인 투자가 있어야 하며 그 이후에 큰 변화가 온다는 것이다. 쉽게 말하자면 10년 동안 집중과 반복의 몰입을 하면 이루지 못할 것이 없다는 뜻이다.

1998년 우리나라가 IMF 금융 위기를 맞이했을 때 국민들에게 유일한 위안이 되어주었던 것이 박찬호와 박세리 선수였다. 메이저리그에서 펄펄 나는 박찬호와 LPGA에서 극적인 승리를 보여준 박세리 선수의 경기는 경제적으로 암울했던 국민에게 희망의 메시지를 전달해 주었다. 특히 박세리 선수의 경우, 자신의 엄청난 노력과 부모의 뒷바라지가 성공의 밑바탕이 되었다는 점이 화제가 되어 소위 '세리 키즈'라고 불리는 어린 골프 선수들을 양성하는 계기가 되었다. 세리 키즈란 1988년생 아이들로 박세리 선수의 우승을 보고 골프 선수의 꿈을 키우며 어려서부터 골프를 한 아이들로, 현재 LPGA에서 큰 활약을 보이고 있는 신지애, 박인비, 최나연 선수 등이 그들이다. 이들은 열 살 때인 1998년, 박세리 선수의 우승 소식을 듣고 골프를 시작해 그야말로 10년, 1만 시간의 집중적인 연습으로 세리 키즈 선수로 자라 20대가 된 지금 세계적인 선수로 성공을 이루고 있다.

10년 동안 한 분야에 집중적인 투자를 하라. 그러면 누구든 자신의 분야에서 최고의 자리에 올라 있을 것이다. 10년, 1만 시간을 투자하면 반드시 어느 분야의 스페셜리스트로 포지셔닝이 되어 있을 것이다. 바라는 직위에 올라 있을 것이며, 더불어 당신을 향한 달라진 시선을 느낄 수 있을 것이다. 성공한 사람들 중 대부분은 '운이 좋았다'고 말한다. 안철수는 운이란 기회와 준비가 만났을 때 가능하다고 말한다.

행운은 매우 중요한 요소이다. 하지만 이런 행운을 차지할 수 있는 사람은 대부분 제대로 준비되어 있고 끈기 있는 쪽이며, 대개 그런 사람이 훗날 전기 작가의 주인공이 된다.

20세기를 수놓은 400명의 성공 요인을 분석한 빅터 고어츨의 〈세계적 인물은 어떻게 키워지는가〉에 나오는 말이다. 이를 공식화하면 '큰 인물=준비+행운+끈기'라는 공식이 성립된다.

세계적 인물들은 언제나 철저하게 준비를 거듭했고 준비가 무르익을 때 비로소 기회가 찾아와 누구나 부러워하는 행운을 거머쥘 수 있었던 것이다.

"끈기가 나의 유일한 힘이다"라고 루이 파스퇴르가 말했듯이 준비 기간은 끈기가 있어야만 견뎌낼 수 있다.

무슨 일이든 남보다 두세 곱절 더 투자하라

안철수는 "어떤 문제에 부딪치면 나는 미리 남보다 두세 곱절 더 투자할 각오를 한다"고 단호하게 말한다. 그가 대학원에 다닐 때 히로나카 헤이스케의 〈학문의 즐거움〉을 읽고 자신의 평생 좌우명으로 삼은 문구는 다음과 같다.

어떤 문제에 부딪히면 나는 미리 남보다 시간을 두세 곱절 더 투자할 각오를 한다. 그것이야말로 평범한 두뇌를 가진 내가 할 수 있는 유일한 방법이기 때문이다.

이것이 히로나카가 세계적인 수학자가 될 수 있었던 길이다. 안철수는 이 구절을 읽고 '평범한 사람도 노력을 거듭하면 천재보다 더 빛나는 업적을 남길 수 있겠다'는 사실을 깨달았다. 안철수는 이 책을 통해 목표를 높이 세우고 스스로를 채찍질하는 삶을 배웠고 곧바로 실천했다.

내가 힘든 의과대학 생활을 하면서 동시에 컴퓨터바이러스를 퇴치하는 백신 프로그램을 개발하고 컴퓨터 관련 글을 쓸 수 있었던 것도 히로나카 헤이스케의 이러한 정신을 본받고자 끊임없이 스스로를 채찍질했기 때문이다. 안철수 외, 《나의 선택》, 정음, 2003.

안철수는 히로나카를 노력하는 사람의 전형이며, 자신을 따뜻하게 다독거려주는 은인이라고 밝힌다. 그는 자신의 능력보다 벅찬 일을 맡았을 때는 언제나 히로나카 헤이스케를 떠올리며 정신을 가다듬고 그 가르침대로 살아갈 것을 다짐한다고 한다.

벽촌에서 장사꾼의 15남매 중 일곱째 아들로 태어난 히로나카는 아버지가 장사에 실패해 대학 입시 일주일 전까지 거름통을 들고 노동을 해야 했다. 대학 3학년 때 수학자의 길을 선택한 그는 하버드 대학에서 수학 박사학위를 받고 수학의 노벨상인 필드상을 수상한 입지전적인 인물이다.

히로나카 헤이스케는 자신을 일으켜 세운 것으로 '끈기'를 든다. 다른 사람이 한 시간에 해치우는 것을 두 시간이 걸리거나, 1년에 하는 일을 2년이 걸리더라도 결국 하고야 만다는 각오로 임했다. 시간이 얼마나 걸리는가보다는 끝까지 해내는 것이 더 중요하다는 것이 신조였다. 이런 습관이 몸에 배어서인지 그는 한 가지 문제를 택하면 처음부터 남보다 두세 배의 시간을 들일 각오로 시작한다.

나는 수학을 연구하는 데 있어서 '끈기'를 신조로 삼고 있다. 문제를 해결하기까지는 남보다 더 시간이 걸리지만 끝까지 관철하는 끈기는 뒤지지 않는다고 생각한다. 인간은 1백40억 개나 되는 뇌세포 중에서 보통 10%, 많아야 20%밖에 사용하지 않는다고 한다. 잠자고 있는 세포들을 사용하기 위해서는 남보다 두세 배의 시간을 투자할 수밖에 없다.

히로나카의 공부 방법 가운데 배울 만한 것이 이른바 '바보 공부법'이다. 교토 대학 시절 초등학교 남학생에게 과외 공부를 가르칠 때 그는 뜻밖에도 큰 깨달음을 얻었다고 한다. 아이가 머리는 좋은데 공부를 좋아하지 않았다. 전혀 복습을 하지 않아서 다음 날이 되면 전날에 배운 것을 깨끗이 잊어버렸다.

그런 일이 계속되자 나는 어느 날 참지 못하고 '지난번에는 잘했는데 왜 지금은 못하지?'라고 물었다. 그 아이는 태연하게 이렇게 대답했다. '난 바보니까요.' 나는 할 말이 없었다.

만일 그 아이가 "복습을 안 했으니까요"라고 대답했으면 아마 그는 "왜 복습을 안했느냐"고 야단쳤겠지만 "난 바보니까요"라는 말에는 도무지 할 말이 없었다고 한다. 바보라는 말에 어떻게 화를 내겠는가.

수학을 풀다 보면 문제의 90%를 해결하고도 나머지 10%를 못 풀어서 막히는 경우가 자주 있다. 여기서 물러서지 않고 끈기 있게 승부를 걸 필요가 있다. 이런 경우에 부딪칠 때마다 그 아이의 명언을 소리내 말해 본다. '난 바보니까요.' 그러면 머리가 한결 가벼워진다. 어차피 나는 바보니까 못하는 것은 당연하고, 할 수 있으면 다행이라는 생각도 든다. '나는 바보다'라고 자기 자신을 바로잡음으로써 경직된 상태에서 해방되는 것이다.

히로나카는 '난 바보니까요'라는 낮춤의 자세, 혹은 '상대가 안 돼서 포기했어요'라는 체념의 기술은 학문을 떠나 일상생활에서도 중요하다고 강조한다. 무엇보다 큰 실수를 범한 뒤 충격에서 다시 일어서게 하는

138

데 효과적이라는 것이다.

컬럼비아 대학 교수로 재직할 무렵 그는 2년 동안 연구해 온 수학 이론이 젊은 학자에 의해 풀렸다는 사실을 알고 큰 충격을 받은 적이 있다. 그렇지만 얼마 후 그 충격에서 벗어나 다시 일어설 수 있었다. 왜냐하면 '상대가 안 된다'고 체념하고 '나는 바보니까'라고 자세를 바로 잡은 것이다. 그는 "그렇게 긍정적으로 생각하지 않으면 다음의 새로운 문제에 손댈 수 없으며, 더 나아가 새로운 창조의 여행을 떠날 수 없다"고 강조한다.

이는 초심으로 돌아가는 마음가짐이라고 할 수 있다. 사람은 성공을 경험하면 자칫 소박한 마음을 잃어버리기 쉽다. 히로나카의 사인sign은 '소심심고素心深考'다. 소박한 마음으로 돌아가서 다시 깊이 생각하라는 의미가 담겨 있다.

그는 목표를 정하고 이를 추진하는 열정의 중요성을 강조한다. 학문을 하는 데 있어서 가장 중요한 한 가지는 목표를 정하는 것. 목표가 없으면 앞으로 밀고 나갈 정신 에너지가 만들어지기 어렵기 때문이다. 그는 "목표 그 자체도 중요하지만 그 목표를 향해 밀고 나가는 에너지가 보다 중요하다"고 강조한다.

물리학이나 공학의 연구에는 과학자들이 예측한 그대로의 결과가 나올 때도 있지만 목표에 도달하는 과정에서 뜻밖의 대발견을 하거나 애초의 목표에서 빗

나간 덕분에 결과적으로 대발명의 계기를 잡는 경우가 많다.

노벨 물리학상 수상자 에자키 레오나가 한 말이다.

그러나 노벨상을 수상하게 한 행운이라고 말할 수 있는 그 새로운 발견도 하나의 목표를 세워서 부단히 노력한 결과라는 것이다. 페니실린은 곰팡이의 기초 연구과정에서 우연히 발견되었다. 목표를 높이 두고 정진하다 보면 전혀 기대하지 않았던 큰 발견이나 연구 성과를 얻을 수 있다. 일종의 어부지리라고 할 수 있지만 이는 열정을 가지고 공부하고 도전하는 자에게만 오는 행운이다.

현재에
최선을 다하기

Carpe diem,
매순간 열심히 사는 것이
가장 중요하다

이 세상에는 위대한 진실이 하나 있다.

무언가를 온 마음을 다해 원한다면 반드시 그렇게 된다.

— 파울로 코엘료, 〈연금술사〉 중에서

"저는 늘 고생 좀 안 하고 실력을 쌓았으면 좋겠다는 생각을 하고 살아요. 한 분야도 제대로 하기가 너무 힘들어요. 무언가 하나를 하기 위해서는 정말 죽을 만큼 괴롭죠. 절대로, 꿈에서도 천재라고 생각해 본 적이 없어요." 안철수는 시골의사 박경철과의 인터뷰에서 '스스로를 천재라고 생각하느냐'는 질문에 이렇게 속내를 털어놓았다〈중앙일보〉, 2009.2.21. 이에 박경철은 "그는 분명 재능 이상으로 노력했던 수재형 인간이다"라며 안철수에 대해 평가한다.

사막을 건너는 자세로 살아라

죽으면 '우주의 먼지star dust'로 돌아가는 게 인생이기에 '후회하지 않는 삶을 살기 위해 매사에 최선을 다한다'는 것이 안철수의 좌우명이다.

안철수처럼 자신의 일에 최선을 다하고 적극적으로 임하면 또 다른 의미 있는 일이 생긴다. 그는 의학도로서 열심히 공부했지만 컴퓨터 작업에서 더 큰 의미를 발견하고 프로그래밍에 7년을 투자했다. 안철수연구소를 만들어 10년을 CEO로 열심히 일했지만 좀 편해질 만할 때 경영학을 공부하러 미국으로 떠났다. 앞으로 더 의미 있는 일이 생기면 그때 또 다른 길을 갈 수도 있다고 한다.

안철수는 "더 잘할 수 있고 보람 있는 일이 눈앞에 나타나면 그렇게 하면 된다"고 강조한다. 그가 CEO로 10년 일하고 물러난 것도 더 의미 있는 일을 하기 위해서라고 한다.

창업 10년 만에 다시 그런 고민에 빠졌습니다. 안연구소 하나만 잘 경영하는 것도 의미 있고 재미있고 잘할 수 있지만, 만약 산업 전반적으로 벤처기업, 또는 중소기업의 성공 확률을 높일 수 있는 일을 내가 할 수 있다면 그건 한 회사를 잘 운영하는 것보다 훨씬 더 의미가 큰 일이고, 더 재미와 보람을 느낄 수 있을 것 같고, 제가 어느 정도 할 수 있는 일이라고 생각했습니다. 〈연합뉴스〉, 2009.2.12.

안철수처럼 의미 있고 재미있고 잘할 수 있는 일을 찾을 수 있다면 그 사람이야말로 행복한 사람일 것이다. 하지만 누구나 그런 일을 쉽게 찾는 것은 아니다. 그렇다고 좋아하는 일을 찾을 때까지 한없이 기다릴 수만도 없다. 먼저 자기 일이 좋든 싫든 열심히 하는 자세가 중요하다.

좋아하지 않는 일을 하더라도 어쨌든 우선 열심히, 한결같은 마음으로 파고들라. 좋아하기 때문에 일에 몰두할 수 있고, 몰두하는 가운데 좋아하게 된다. 이나모리 가즈오, 〈카르마 경영〉, 서돌, 2005.

이는 일본에서 자수성가한 경영자로 존경받는 이나모리 가즈오의 말이다. 안철수 삶의 철학과도 닿아 있다. 싫은 일도 몰두함으로써 고통 속에서 기쁨을 발견할 수 있다. '좋아하는 것'과 '몰두하는 것'은 동전의 양면과 같아서 그 인과관계는 순환한다는 것이다. 이렇게 자신과의 싸움에서 이기고 정진하면 인생은 크게 변화하기 시작한다. 자신이 하는 일이 '미치도록 싫다면' 그 일에 한번 '미치도록 몰두'해 보는 게 무엇보다 중요하다.

안철수는 두 번에 걸친 미국 유학과 끊임없는 독서를 통해 스승을 구했고 어려움에서 헤쳐 나왔다. 아무리 뛰어난 천재도 학습하지 않고는 결코 꿈을 이룰 수 없다. 물론 언제나 학습하고 새로운 일에 도전하는 게 마냥 즐겁지만은 않을 것이다. 그는 미국 유학을 가서 공부하는 게 하도 힘들어 지옥 같았다고 회고했다.

"노래는 아직도 내게 스트레스입니다." 노래 인생 20년이 넘은 가수 주현미의 인터뷰 기사는 전혀 뜻밖이다. 주현미는 "해가 가면 갈수록 노래에 대한 스트레스는 더하다"고 솔직한 심경을 털어놓았다. 가수 양희은 역시 노래로부터 도망치고 싶었다고 회고한 적이 있다. "노래를 부르는 것이 무섭게 느껴져 도망다녔다"라며 "노래만 안 하고 살면 참 좋겠다는 생각이 들었다. 결국 라디오로 도망갔다"고 2011년 데뷔 40주년을 맞아 한 언론과의 인터뷰에서 이렇게 고백했다.

"예전에는 무대에서 피아노를 열 때 88개의 건반이 상어 이빨처럼 보였어요." 이는 세계적인 피아니스트 서혜경의 고백이다. 그는 피아노에 대한 극심한 스트레스로 정상을 질주하던 20대에 오른팔 근육마비에 시달렸다고 한다.

〈만다라〉를 쓴 소설가 김성동 역시 "매번 글을 쓸 때마다 공포 수준의 두려움을 느낀다"며 글쓰기의 두려움을 고백했다.

명강의로 유명한 조벽 교수도 이전에는 두려움 수준으로 강연 공포증에 시달렸다고 한다. "특히 강의실에 들어가기 직전의 초조함은 글로다 표현할 수 없고 속이 하도 메스꺼워서 구토증을 느낄 정도였어요." 그는 "강연 공포증은 항상 최선을 다하고 완벽하기를 바라는 교수만이 느낄 수 있는 현상"이라고 말한다. 이때 강연 공포증을 긍정적으로 받아들이는 게 가장 중요하다고 강조한다.

스포츠 선수든 예술가든 정치인이든 최고경영자든 직장인이든 학생이든 누구나 자기 몫의 스트레스는 있기 마련이다. 스트레스는 경쟁 사회에 사는 사람이라면 예외 없이 혼자 고독하게 감당해야 한다. 이때 스트레스는 최선을 다하고 완벽하기를 바라는 사람에게 찾아오는 지극히 '인간적'인 현상으로 받아들이는 것이 중요하다.

누구나 일에는 스트레스가 따른다. 심지어 자신이 좋아하고 잘하는 분야의 일을 하면서도 스트레스는 피할 수 없다. 누구든지 완벽하게 일하고 싶기 때문이다. 안철수 역시 마찬가지였다. 그러나 안철수는 하기 싫은 공부도 미치도록 열심히 함으로써 좋은 성적으로 마무리할 수 있었고, 그것이 결실을 거둬 새로운 도전을 할 수 있었다. 그 시작은 현재의 일에 충실하고 최선을 다하는 것이었다. 안철수는 매 순간 열심히 사는 것이야말로 가장 중요하다고 강조한다.

때로는 휴식을 취하는 것도 필요하다. 요즘은 초등학생 때부터 부모의 성화에 못 이겨 과외와 학원을 순례하며 '열공'하는 학생들 중에는 중고등학교에 올라갈수록 성적이 떨어지는 경우가 많다. 안철수처럼 초등학교 때에는 30등 정도 하다가 중고등학교에 올라갈수록 점진적으로 성적이 나아지는 게 훨씬 바람직하다. 너무 성급하고 조급하게 하려다가는 일을 그르치기 십상이다.

스티브 도나휴의 〈사막을 건너는 여섯 가지 방법〉이라는 책에는 이른바 '휴식멀미leisure sickness'라는 말이 나온다. 일을 하도 열심히 해서

휴식을 취하게 되면 어지럼증이 나거나 멀미를 앓는다는 말이다. 그는 "이렇게 직장 생활을 하면 내년에는 집에서 쉬어야 할지 모른다. 다급한 나머지 자신을 너무 심하게 밀어붙이면 열정, 진지함, 약속과 같은 에너지가 시들거나 죽어버릴 수도 있다. 쥐었던 것을 놓고 변화하지 못하면 생동감마저 사라진다. 때로 쉬면서 활력을 되찾으면 더 많은 것을 할 수 있다. 때문에 사막을 갈 때 오아시스가 나오면 반드시 쉬라"고 한다. 더 많이 쉴수록 더 많이 갈 수 있기 때문이다.

도나휴는 "인생을 산목표 중시이 아니라 사막과정 중시으로 보면 살아가는 방법뿐 아니라 중요한 관계까지도 근본적으로 변하는 것을 느낄 수 있다"고 말한다. 쉽게 말하면 사막을 건너는 자세로 살아간다면 한결 여유 있고 재미있게 일을 즐기면서 할 수 있다는 말이다.

약점을 보완하기보다 강점을 살려라

안철수는 꿈을 찾아갈 때 강점을 강화하라고 조언한다. 이는 자신이나 주변 사람들을 보면 금세 이해가 간다. 약점이나 단점은 어릴 때부터 하나의 고질이 된 것이다. 주위에서 조언을 해줘도 쉽게 고쳐지지 않는다. 그는 단점이나 약점을 고치려고 노력하기보다 오히려 자신의 강점을 제대로 살리고 더 강화하는 것이 바람직하다고 말한다.

안철수 개인을 놓고 보면 비즈니스를 하기에는 강점보다 약점이 더 많은 것으로 비춰질 수 있다. 수줍고 내성적인 성격에 말도 많이 하지 못하는 스타일이다. 한 가지 일을 선택할 때도 이것저것 다 따져보고 고민한다. 남 앞에 적극적으로 나서지도 못하고 폭넓게 사람을 사귀는 성격도 아니다. 흔히 카리스마가 있어야 리더라고 하는데 카리스마와는 좀 거리가 있다. 그러나 피터 드러커가 말했듯 리더십은 카리스마가 아니다. 드러커는 리더십의 본질은 일, 책임감, 신뢰라고 말한다.

안철수 역시 단점이 많은 존재지만 단점을 오히려 인간적인 겸손함과 순수함으로 비춰지게 하면서 단점과 약점마저도 오히려 강점으로 변환시킬 수 있었다. 오히려 그로 인해 약육강식의 기업 환경 속에서도 언제나 순수를 잃지 않고 성실과 겸손의 미덕을 갖춘 리더로 자리매김할 수 있었던 것이다.

대부분의 사람은 자신이 잘하는 것이 무엇인지 알고 있다고 생각한다. 그러나 대부분의 사람들은 자신이 '잘하는 것'보다 '잘하지 못하는 것'이 무엇인지를 더 잘 알고 있다. 사람은 오직 자신의 강점으로만 성과를 올릴 수 있다. 피터 드러커, 《프로페셔널의 조건》, 청림출판, 2001.

피터 드러커 역시 강점을 강화하라고 조언한다. 그는 "아인슈타인은 바이올린을 하루에 네 시간씩 연습했지만 바이올린은 그의 강점이 아니었다"고 말한다. 1만 시간 법칙에 따르면 하루 네 시간 연습은 프로가 될 수 있는 시간에 해당한다.

아인슈타인은 교향악단에서 연주할 수 있는 수준으로 바이올린을 잘 켤 능력을 얻을 수 있다면 노벨상을 포함해 자신이 가진 모든 것을 내놓아도 좋다고 말했다. 그러나 그에게는 완벽한 현악기 연주가가 되기 위한 필수 조건인 양팔과 양손을 자유롭게 움직이는 재능이 없었다. 그러나 그는 연주하기를 좋아했다. 하루에 네 시간씩 연습했고 또 그것을 즐겼다. 그래도 바이올린 연주는 그의 강점이 아니었다. 그는 언제나 수학 문제 푸는 것을 싫어한다고 말했다. 그렇지만 오직 그는 수학에서만 천재였다. 피터 드러커, 앞의 책.

드러커는 강점을 발견하는 방법으로 '피드백 분석'을 든다. 어떤 중요한 의사 결정이나 행동을 할 때마다 스스로가 예상하는 결과를 기록해 두고 9개월 또는 12개월이 지난 뒤 자신이 기대했던 바와 실제 결과를 비교해 보는 것이 피드백 분석이다. 그 역시 이런 분석으로 강점을 발견했다고 한다. 드러커는 자신의 강점으로 성과를 올리기 위해서는 '첫째, 자신의 강점에 집중하고 둘째, 자신의 강점을 개선하고 셋째, 목표 달성을 가로막는 나쁜 습관을 고쳐라'고 강조한다. 또 피드백 분석을 통해 장점을 찾고 이어 '자신이 어떤 사람으로 기억되기 바라는가'에 대해 스스로 질문해 보라고 말한다.

대부분의 사람들은 단점을 고치고 약점을 보완하기 위해 노력한다. 이에 대해 드러커는 "효과적인 사람은 강점을 활용해 생산성을 높인다. 약점을 바탕으로 생산성을 향상시킬 수 없음을 알기 때문"이라고 조언한다.

무슨 일이든 열정과 적극성을 가져라

삶을 살아가면서 중요한 것은 '무엇을 했느냐'가 아니라 '어떻게 살았느냐'인 것 같다. 지난 시간이 현재 살아가는 데 얼마나 도움이 되느냐가 중요한 것이 아니다. 설사 지금의 모습과 아무런 상관없는 일을 했더라도 얼마나 치열하게 열심히 살았느냐가 더 중요한 것 같다. 안철수 외, 《9인 9색 청소년에게 말 걸기》, 주니어김영사, 2008.

안철수는 "지금까지 변치 않고 남아 있는 것은 대학 때 무의촌에서 봉사했을 때의 마음가짐, 새벽마다 일어나 공부했던 열정이다"라고 말한다. 안철수는 누구도 가지 않은 길을 외롭게 선택했다. 주변 사람들은 이해할 수 없었지만 그는 묵묵하게 자신의 길을 걸었다. 그런 그에게 사람들은 환호를 보냈고 신뢰가 주어졌다. 사람들이 보내는 신뢰는 세상을 묵묵히 걸어가는 사람에 대한 최고의 선물일 것이다. 열정이 창조적인 몰입의 세계로 이끈다는 사실은 안철수에게서 배울 수 있다.

열정이 있는 사람은 아름답다. 손석희가 그렇다.

"지금도 솔직히 제일 괴로운 것이 매일 아침 새벽에 일어나 쭈그리고 앉아 양말을 신을 때다. 또 영하 10도로 내려가는 요즘 같은 겨울날 시동을 걸고 차 안에 앉아 있는 것이다."

이는 손석희가 2009년 브론즈 마우스 수상식장에서 했던 말이다. 손석희의 이런 열정은 영향력 있는 언론인의 표상이 되고 있다. 안철수 역시 새벽 3시에 일어나 7년동안 컴퓨터 바이러스 연구에 몰입했다. 그 몰입이 오늘날의 안철수를 만들었다고 해도 지나치지 않을 것이다.

칙센트미하이는 〈몰입의 즐거움〉에서 그동안 대기업 총수, 노벨상 수상자처럼 자기 분야에서 일가를 이룬 인물들을 수없이 만났지만 가장 기억에 남는 사람으로 어느 기관차 공장의 60대 용접공 조Joe를 꼽았다. 기관차 공장은 격납고처럼 먼지가 많고 시끄럽기 짝이 없는 곳이다. 이 공장은 스티븐 런딘의 책 〈펄떡이는 물고기처럼〉에 나왔던 열정이 없고 생명력을 상실해 혁신 대상이 된 회사의 '죽은 부서'를 연상시킨다. 이러한 조직에서는 거의 모든 구성원들이 따분한 표정으로 주어진 일을 억지로 한다. 그러나 조는 달랐다. 대다수 용접공들은 자기가 하는 일에 애정이 없을뿐더러 시계만 보면서 빨리 퇴근 시간이 오기를 기다렸다. 그리고 일단 공장 문을 나서면 근처 술집으로 우르르 몰려갔다. 그러나 조는 자기 몫의 시간을 그렇게 보내지 않았다. 그는 크레인이면 크레인, 컴퓨터 모니터면 모니터, 그 공장 안에 있는 기계 설비의 구조를 모조리 독학으로 꿰뚫은 사람이었다. 한마디로 못 고치는 기계가 없었다. 고장난 기계를 보면 붙들고 말썽의 원인을 밝혀내 기어이 수리해야 직성이 풀리는 사람이었다. 집에서도 가만히 있는 법이 없었다. 집 부근에 있는 자투리땅에다 부인과 함께 멋진 분수를 만들었다. 분수에서 뿜어 나오는 뽀얀 물보라는 밤마다 장관을 연출했다. 같은 공장에서 일하는 사람들은 희한한 양반이라고 혀를 차면서도 모두 그를 존경했다. 문제가 생기면 누구나 조에게 먼저 달려갔다. 직원들은 그가 없으면 공장 문을 닫아야 할 판이라고 이구동성으로 말했다.

조의 사례에서 보듯이 자신이 하는 일에서 가치와 보람, 성취감을 느낀다면 절로 주위 사람들로부터 존경의 대상이 된다. 다른 사람들은 하찮은 작업이라고 치부해도 조는 스스로 할 일을 찾아서 했다. 무엇이든지 달려들어 자신이 하는 분야에 정통할 수 있었다. 이른바 '잘나가는 사람'의 특징은 일에 적극적으로 부딪치면서 자신의 일을 찾는 점이다. 그게 바로 1인자인 것이다.

—

Good-natured
Power

—

재미와 보람

자신만의 흔적을
남길 수 있는 일에 미쳐라

사람은 죽어도 돈은 죽지 않는다.

— 데릭 윌슨, 〈로스차일드〉 중에서

20대에 꿈을 져버린 사람들은 후에 그 대가를 치러야 할 것이다.

— 대니얼 레빈슨, 〈남자가 겪는 인생의 사계절〉 중에서

로버트 프랭크는 〈승자독식사회〉에서 이른바 지위재地位財의 지출이 빠르게 증가하고 있다고 주장한다. 지위재란, 귀금속이나 해외여행, 휴가용 별장 등 타인의 소비와 비교함으로써 가치가 결정되는 재화이다. 요컨대 사회적 지위와 관련된 재화를 말한다.

부유한 사회일수록 지위재를 구입하는 데 더 많은 돈을 쓴다. 더 주목받고 더 사랑받기 위해서다. 속된 비유로 귀금속을 두른 채 고급 승용차를 타고 특급 호텔에 출입해야 더 사랑받을 수 있다. 이렇듯 지위재는 '보여주기 위한 소비'이며 주로 승자(가진 자)들이 독식한다.

현대인이 겪는 끝없는 불안의 징후는 사회적 지위의 추구로 인해 야기된다. 높은 지위를 구하려는 동기는 돈, 명성, 영향력에 대한 갈망 때문이고 이 세 가지가 있으면

사람들의 관심과 주목을 끌고 존경과 사랑을 받을 수 있다는 것이다.

〈불안〉을 쓴 알랭 드 보통에 따르면 불안은 더 사랑을 받고자 하는 욕망에서 싹튼다고 한다. 사회에서 제시한 성공의 이상에 부응하지 못할지도 모른다는 걱정, 존엄을 잃고 존중받지 못할지도 모른다는 걱정, 현재 사회의 사다리에서 너무 낮은 단을 차지하고 있거나 현재보다 낮은 단으로 떨어질 것 같다는 걱정, 다른 사람에게 무시 당할지도 모른다는 걱정, 애인에게 버림받을지도 모른다는 걱정 등으로 불안해 한다는 것이다.

알랭 드 보통의 지적처럼 지위 불안으로 인해 돈을 추구하다 보면 사람은 자신의 진짜 삶을 잃어버릴 수도 있다. 돈을 모으는 데 에너지가 집중되면 어느덧 순수한 꿈은 사라지고 만다. 보람 있고 성취감을 느끼는 삶이 아니라 돈을 모으고 지키고 이를 과시하는 삶이 진짜 자신의 자리를 대체하고 마는 것이다. 그래서 자아를 실현하는 사람들, 자신의 진짜 삶을 산 사람들은 특히 젊은 시절에 '돈'에 절대 가치를 두지 말라고 주문한다.

남이 갔던 길보다 아무도 가지 않는 길을 가라

"스스로 재미를 느낄 수 있고 보람 있는 일을 찾는 것이 중요하다."

안철수가 서울대 기숙사에서 열린 '관악사 콜로키움' 강연에서 한 말이다.

일을 선택할 때 '재미'를 중시한다는 그의 말은 어쩌면 근엄하고 학구적인 안철수에게는 어울리지 않는 듯하다. 그러나 안철수는 일을 하는 데 있어서 무엇보다 '재미가 있어야 한다'고 강조한다. 일에서 재미를 느껴야 지치지 않고 일할 수 있고 다른 사람들에게 인정을 받으며 보람도 느낄 수 있다는 것이다.

안철수는 이것이 무엇보다 중요하다고 강조한다. 재미있게 일을 할 수 있다는 것은 오랫동안 열정을 가지고 일할 수 있다는 의미와 직결된다. 아무리 성취감과 보람이 있는 일이더라도 열정을 가질 수 없다면 오랫동안 그 일을 하기가 힘들고 그 분야에서 최고가 되기는 더욱 힘들다. 그는 "의사의 경우가 특히 그렇다. 단지 공부를 잘하기 때문에, 혹은 돈과 지위 때문에 열정이나 성취감도 없이 의사가 되려 한다면 자신과 환자 모두가 불행해질 수 있다"고 말한다.

흔히 세상을 뒤흔드는 사람들은 때로 주류가 아닌 비주류, 전공자가 아닌 비전공자에게서 나온다는 말이 있다. 예를 들면 노무현 전 대통령은 정치 세계에서 언제나 비주류에 속했지만 대통령에 당선됐다. 경제평론가 박경철은 본업이 의사다. 혹은 전공자가 아닌 비전공자가 쓴 책이 베스트셀러가 되기도 하는데 이는 경제학이나 경영학 박사가 쓰면 문체가 어렵고 따분하기 때문이다. 자신이 바라보는 시야가 한정돼 있어 그 세계의 논리에 함몰되어 다양한 시각을 보여주지 못하는 경우도 있다. 필자는 교육 전공자가 아니지만 〈세계 명문가의 자녀교육〉과 〈세계 명문가의 독서교육〉 등 자녀교육서를 써서 베스트셀러를 몇 권 냈다. 이는 전문가가 보지 못하는 시각과 다양한 관점으로 그 분야를 볼 수 있기 때문이 아닐까?

안철수의 컴퓨터 백신 개발도 마찬가지다. 당시 컴퓨터 전공자들은 모두 컴퓨터바이러스에 대해 손을 놓고 있었다. 바이러스의 중요성은 알고 있다 하더라도 연구를 한다거나 산업화를 한다거나 하는 단계로 이어지지 못했다. 하지만 의학도인 안철수는 전문 분야는 아니었지만 집요하게 프로그래밍에 매달렸고 결국 벤처기업의 창업으로 이어졌다.

1995년 이전, 컴퓨터바이러스 분야에서 최고의 전문가는 그 업계의 인물이 아니라 비주류였던 '의사 안철수'였던 것이다.

안철수가 애당초 컴퓨터바이러스 퇴치 프로그램에 몰입할 수 있었던 것은 그 일이 의학이 주지 못한 사명감과 보람을 제공해 주었기 때문이다. 처음 백신을 만들었을 때만 하더라도 호기심에서 한번 해본 일이었지 계속할 생각은 없었다. 의학자로서 목표가 뚜렷했기 때문이다. 그런데 바이러스를 발견하고 일단 백신 프로그램을 만들자 주변에서 신종 바이러스를 해결해 달라는 요청이 계속해서 쇄도했다. 그때마다 그는 무료로 치료해 주었다. "사명감도 들었고 보람도 느꼈기 때문에 도저히 그만둘 수 없었다"고 말한다.

경영서의 고전으로 꼽히는 로버트 퀸의 〈깊은 변화〉에서는 오늘날의 영웅적인 기업 리더라면 승진 사다리를 올라 출세하는 것을 생각하기보다는, 세상에 기여하는 방법에 더 많은 관심을 가져야 한다고 주장한다. 퀸은 오늘날 무엇보다 필요한 것은 비전 있는 리더십이라고 말한다.

이 새로운 패러다임 속에서 성공은 얼마나 많은 돈을 버느냐에 달린 것이 아니라, 당신이 세상에 기여를 할 수 있느냐에 달려 있다고 한다. 결국 퀸이 주장하는 요지는 지금 일어나고 있는 패러다임 변화에 따르려면 개인의 이익보다는 기업 및 더 큰 공동체의 이익을 중시하는 리더십이 필요하다는 것이다.캐롤 피어슨, 〈내 안에 6개의 얼굴이 숨어 있다〉, 시아, 2007.

안철수의 경우 의학 공부를 하는 와중에도 수익을 바라지 않고 컴퓨터바이러스 퇴치 프로그램을 만들기 위해 프로그래밍에 몰두했다. 자신보다 공동체의 이익을 위한 행위라고 할 수 있다. 모두를 위한 순수한 동기에서 비롯된 열정이 아닐 수 없다. 퀸이 말하는 영웅적인 기업의 리더, 승진 사다리보다 세상에 기여하는 방법에 더 관심을 갖는 리더, 돈을 얼마나 더 많이 버느냐보다 세상을 위해 무엇을 할 수 있느냐에 관심을 갖는 리더에 안철수를 대입해도 무리는 아닐 것이다.

몸속의 가시를 깨우는 일을 찾아라

저명인사들을 연구한 빅터 고어츨은, 세계적으로 손꼽히는 창의적인 인물이라도 업적을 세우기 위해서는 재능과 격려 이상의 뭔가가 필요한데 이를 '내 몸속의 가시'라고 이름 붙였다. 즉, 성공한 인물에게 발견되는 공통된 특성은 자신의 이상과 목표를 추구하는 과정에서의 '끈기', 그리고 여기에 어떤 절실하고도 열정적인 소명으로 받아들이는 '내 몸속의 가시'가 있다는 것이다.

단순히 취미이거나 피상적인 관심뿐이던 것을 절실하고 열정적인 소명으로 받아들이기 위해서는 반드시 어떤 동기가 필요하다. 그것이 바로 '내 몸속의 가시'이며, 사명감을 가진 사람들에게서 공통적으로 발견된다는 것이다. 요즘 청소년이든 대학생이든 열정이 식어버린 이들이 많다. 이들은 사명감이나 열정, 내 몸속의 가시와 같은 동기가 부족하다고 할 수 있다.

안철수는 여기서 자신의 삶에 비추어 "남이 보기 좋은 삶보다 자부심, 보람, 사명감, 성취감을 느낄 수 있는 삶에 승부하라"고 조언한다. 또 그는 박사학위를 받고 군복무를 마친 다음 컴퓨터와 의학 중 하나를 선택해야 하는 결정적인 순간을 다음과 같이 말한다.

결단의 순간은 어느 날 새벽에 갑자기 찾아왔다. 내가 그때까지 살아왔던 삶은 '남이 보기 좋은 삶'이라는 생각이 문득 들었다. 서울대 의대 졸업, 20대 의학박사, 20대 의대 교수로 이어지던 탄탄대로는 남이 보기에는 좋았을지 모르지만, 내가 컴퓨터를 하면서 느낄 수 있었던 자부심, 보람, 사명감, 성취감 등은 느낄 수 없었기 때문이다. 현재 보람을 느낄 수 있고 앞으로 해나갈 것이 많은 쪽을 선택하는 것이 올바르다는 생각이 들었다. 〈조선일보〉, 2003.9.4.

세상에서 하고 싶은 일만 하면서 살 수는 없다. 또한 하고 싶은 일도 직업이 되고 일상적인 업무가 되거나 생계의 수단이 되면 하기 싫어지거나 매너리즘에 빠질 수 있다. 일은 비록 자신이 하고 싶은 일이 아니라 하더라도 재미있게 열심히 할 필요가 있다. 자신이 좋아하지 않는 일을 하더라도 어쨌든 우선 열심히, 한결같은 마음으로 파고들라는 것이다. 이때 마인드컨트롤도 필요하다.

일본에서 벤처기업가의 신화를 일군 손정의는 자신의 성공에 노력과 함께 아버지 손삼헌의 '보이지 않는 힘'이 작용했다고 한다. 손삼헌은 아들에게 늘 '너는 천재다'라고 말해 주었는데, 이 말이 오늘날의 손정의를 만들었다고 해도 과언이 아니다.

아들이 초등학교에 다닐 때 새벽에 일어나서 공부하는 것을 보았지요. 오래 가지 않을 게다 하고 지켜보았더니 계속 그렇게 매달립디다. 아들은 한번 작심하면 어떤 일도 포기하지 않아요. 그래서 나도 자연스레 '너는 천재다' 라고 했지요.

다른 사람이 칭찬을 하거나 관심을 쏟아주면 능률이 오르거나 결과가 좋아지게 된다고 한다. 다른 사람이 나를 존중하고 나에게 기대하는 것이 있으면 기대에 부응하는 쪽으로 변하려고 노력하고 결국 그렇게 된다는 것이다. 이를 '자기 충족적 예언Self-Fulfilling Prophecy'이라고 한다. 이는 타인의 기대나 관심으로 인해 능률이 오르거나 결과가 좋아지는 현상으로 로젠탈 효과_{Rosental effects}라고도 한다. 흔히 '말이 씨가 된다'고 하듯이, 어떤 우연한 근거에서 예언이 형성되면 그 자체로 바로 실현을 위한 강력한 수단이 된다는 것이다.

손정의는 이미 열아홉살 때 인생을 어떻게 살아야 할지 설계를 마쳤다. 이 역시 자기충족적 예언에 힘입은 바일 것이다. 자신의 인생에 대해 자신감을 가질 수 있게 된 손정의는 버클리 대학교 3학년 때 보통 학생들이 상상도 못하는 계획을 세웠다. 그게 바로 유명한 '인생 50년 계획'이다. '20대에는 어떤 일이 있어도 반드시 사업을 일으키고 이름을 떨친다. 30대에는 적어도 1천억 엔의 자금을 모은다. 40대에는 커다란 사업을 일으킨다. 50대에는 사업에서 큰 성공을 이루고, 60대에는 전문 경영자에게 사업을 물려준다'는 계획이다. 현재 손정의는 이 계획대로 나아가고 있다.

"나는 훌륭한 일을 하고 있다"라고 되뇌며 자신에게 최면을 걸면 일에 대한 시각도 저절로 변할 수 있다. 미치도록 싫은 일도 일단 미치도록 열중하다 보면 좋은 결과를 얻을 수 있다는 것이다. 즉, 어떤 일이라도 열심히 몰두하면 좋은 성과가 나타나기 마련이고, 그로부터 즐거움과 재미를 느낄 수 있다. 재미가 있으면 의욕이 커지고 그에 따라 성과가 더더욱 좋아진다. 이것이 일종의 '선순환'이다. 그러는 가운데 미처 깨닫지 못하는 사이에 일을 좋아하게 된 자신의 모습을 발견할 수 있다.

안철수가 말하는 것처럼 자신이 하고 싶은 일, 재미있는 일, 보람 있고 의미 있는 일을 찾기란 결코 쉽지 않다. 안철수가 걸어간 길을 추적해 보면 의외의 실마리를 찾을 수 있다. 그는 CEO로 입지를 구축하고 있을 때 전혀 다른 분야로 돌연 진로를 바꾸었다. 물론 사람들은 잘하고 있을 때 그걸 더 계속하고자 한다. 하지만 안철수는 좀 다르다. 더 큰 의미가 눈에 보이면 지금보다 더 큰일을 한다는 게 안철수의 신념이다. 의대 교수에서 백신개발자로 그리고 경영자로, 다시 경영학 교수로 끝없이 변신한 것 역시 점점 더 큰 의미를 느꼈기 때문이다.

안철수는 필자와의 인터뷰에서 요즘 청소년들에게 해줄 한마디를 청하자 이렇게 말했다.

"많은 사람들이 몰려간다고 해서 결코 안전한 길이 아니다. 다들 안심하고 가는데 사실 그게 제일 위험하다. 한의대의 경우 몇 년 전만 해도 돈을 많이 벌수 있다며 인기였는데 지금은 어떤가. MBA 동기들 중 상당수가 파이낸스 분야를 전공했다. 그런데 금융 위기로 가장 많이 해고된 사람들이 바로 파이낸스 분야 전문가들이다. 주식시장도 동네 할머니가 주식을 살 때가 가장 위험한 때이다. 사람들이 안 좋다고 하는 곳에 가는 게 위험하다고 하지만 오히려 그곳이 더 안전하다. 사람들은 많이 몰리는 곳이 안전하다고 여전히 믿고 있고 계속 반복하고 있다. 우리 사회가 그렇다."

안철수는 "많은 사람들이 요즘 젊은이들은 안전 지향적이다, 도전 정신이 없다고 하는데 학생 개개인은 여전히 도전적이다"면서 "우리 사회가 학생들을 안전 지향적인 선택을 할 수밖에 없도록 몰아세우고 있다"고 꼬집는다.

이렇게 도전 정신이 있는 청년들을 안정 지향적으로 몰아가는 것은 사회 책임인 것 같습니다. 불량 청소년이 있는 게 아니라 불량 어른들만 있을 뿐이라는 것과 같은 맥락인데요. 그래서 청년 자체에서 문제점을 비판하고 위험을 감수하라고 윽박지르기보다는 그 사람들이 위험을 감수할 수 있는 토대를 만들어줘야하는 것 아니냐는 생각입니다. 〈연합뉴스〉, 2009.2.11.

안철수의 이 말에서 청소년에 대한 따뜻한 마음을 느낄 수 있다. 그는 청소년들에게 "아무도 가지 않는 길을 가라"고 강조한다. 좋아하는 일에 미치고, 하고 싶은 일을 재미있게 하면서 땀을 흘리는 자만이 열매를 얻을 수 있기 때문이다. 새로운 도전을 할 때에는 성공했든 실패했든 과거는 잊는 게 중요하다고 강조한다. 의미 있고 재미있고 잘할 수 있는 일을 찾아야만 어렵고 힘들어도 견뎌낼 수 있다는 것이다. 무엇보다 가장 좋은 선택은 자신이 하고 싶은 일과 잘할 수 있는 일이 일치하는 분야를 택하는 것이다. 당시에 전도유망한 유행을 따르기보다는 자신의 분야를 선택해서 노력한다면 평생 후회하지 않는 삶을 살아갈 수 있다.

미치지 않으면 미치지 못한다

"어제의 안철수보다 오늘의 안철수가 더 못할까 봐 그게 늘 두렵다."

안철수의 진심이 느껴지는 말이다. 안철수의 성공 요인은 다른 사람과 비교하지 않고 오로지 원칙에 충실하면서 자신과의 싸움을 해온 데 있다. 그는 박원순 변호사와의 서울시장 후보 단일화에서 50%의 압도적인 지지율에도 불구하고 5%의 지지율을 얻은 박 변호사에게 그 자리를 양보했다. 자신이 정한 삶의 원칙에 충실할 때 이런 결정도 할 수 있을 것이다.

그는 "인생을 살면서 작은 신의라도 지켜야 한다는 게 나의 원칙이다"면서 '통 큰 양보'를 택해 세상을 깜짝 놀라게 했다. 그는 "한 사람의 영웅이 역사를 만들거나 바꾼다고 생각하지 않는다. 역사의 흐름에 도움이 된다면 언제든지 저를 희생할 각오와 준비가 돼 있다. (서울시장 출마라는) 역할을 담당하는 게 희생인지, 그 반대로 박원순 변호사 같은 좋은 준비된 분에게 양보해 역할을 맡지 않는 게 희생인지, 그것이 현재의 가장 큰 고민"이라고 말했다〈한겨레〉, 2011.9.5. 그는 2003년 안철수연구소의 아름다운가게 참여부터 아름다운재단 이사 역임까지 했던 터라 박원순 변호사와의 오랜 인연을 저버릴 수 없어 서울시장 불출마를 선택했다. "나는 그의 동료이자 응원자인데 이번에 박 변호사의 출마 의지가 확실하다는 것을 느낀 이상 어찌 고민하지 않을 수 있겠는가"가 안철수의 마지막 변이다. 이에 대해 한 칼럼에서는 "박원순은 지지율을 얻었고 안철수는 세상을 얻었다"고 표현했다 〈중앙일보〉, 2011.9.8.

안철수는 이처럼 기성 정치인들과 전혀 다른 선택을 했다. 그동안 우리나라 정치인이라면 50%에 이르는 지지율을 기록할 경우 그 누구든 '당당하게' 출마를 선언했을 것이다. 하지만 안철수는 달랐다. 그게 바로 안철수 신드롬을 불러일으킨 비결일 것이다.

그는 성공에 대해 다소 색다른 정의를 내린다. 먼저 자신은 '가치 지향적 사람'이라면서 다른 사람과의 비교는 전혀 중요하게 생각하지 않는다고 말한다. '나'와의 비교가 가장 중요하다는 것이다. 경쟁도 다른 사람이 아니라 나 자신과의 경쟁이라는 논리다. 그래서 성공한 사람이란 '다른 것을 만들고 싶은 사람make difference'이라고 정의한다. 다른 것을 만든다는 의미는 타인과는 다른 '자기만의 삶의 흔적을 남기는 것'을 뜻한다. 그가 가장 하고 싶어 하는 '글쓰기'는 바로 타인의 것과는 다른 것을 만드는 작업이다.

저는 살아간 흔적을 남기고 싶어요. (……) 우리가 살아가는 사회의 '사고'이건, '제도'이건 무엇이건 간에 그저 흔적이 남기를. 아까 말씀드린 차이와 흔적을 만드는 일을 했으면 좋겠네요. 〈중앙일보〉, 2009.2.20.

모든 사람이 생각하는 성공의 정의는 그만큼 다르다. 그가 생각하는 성공은 이렇다.

상대적 성공은 불행입니다. 남과 비교해서, 남의 눈에 행복해 보이는 것이 상대적 성공인데 별 의미가 없지요. 그것보다는 절대적 성공, 남이야 뭐라 생각하든 자신이 생각하는 성공의 모습을 달성하는 것, 이것이 중요합니다. 〈주간한국〉, 2004.12.2.

안철수가 늘 말하는 게 있다. "돈보다 명예가 좋고 명예보다 마음 편한 게 좋다"는 말이다. 그는 이 기준에 따라 자신의 일을 찾고 꿈을 추구하고 있다. 무엇보다 '마음 편한 게 자신에게 가장 좋은 일'이라는 그의 말은 새겨둘 필요가 있다.

사실 난 컴퓨터 일을 하고 싶어. 지금까지 난 내가 하고 싶은 일을 하면서 살았던 게 아니거든. 난 부모님이 원하실 것 같아서 의대에 진학했고, 사람들이 좋게 봐줄 것 같아서 의과대학원에 진학했고, 남 보기 좋으라고 대학교수까지 됐어. 그런데 그건 다 남들을 위한, 아니 '남들 보기에' 좋은 일이었어. 돈은 좀 못 벌더라도 하고 싶고 보람 있는 일, 그게 컴퓨터 쪽 일이야. 게다가 사람들이 내가 필요하다고 말하고 있어. 김상훈, 〈컴퓨터 의사 안철수 네 꿈에 미쳐라〉, 미래를소유한사람들, 2007.

아버지의 기대를 저버릴 수 없어 의사의 길을 걷게 된 안철수는 컴퓨터바이러스 퇴치 프로그램을 개발하면서 과학자의 꿈을 되찾을 수 있었다. 그의 나이 34세때 일이다. 그는 부인에게 솔직하게 털어놓고 꿈을 수정해야 하는 까닭을 들려주었던 것이다. 고맙게도 부인은 그의 뜻에 동의해 주었고, 그는 홀가분한 마음으로 백신 프로그램 제작에 뛰어들 수 있었다.

그가 그토록 컴퓨터에 집중하고 몰입할 수 있었던 것은 자신이 좋아하고 재미있고 보람을 느끼는 일이었기 때문이다. 무엇보다 그게 가장 마음 편한 일이었다.

안철수의 어릴 적 꿈은 의사가 아닌 과학자였다고 한다. 그 꿈을 처음 꾸게 한 것은 책이었다. 안철수는 책에서 꿈을 찾고 에디슨과 같은 역할 모델을 구했다. 그리고 하마터면 접을 뻔했던 어린 시절의 꿈을 컴퓨터바이러스를 계기로 다시 찾았고 더 열정적으로 일할 수 있었던 것이다.

1954년에 노벨 화학상과 1962년에 노벨 평화상을 수상한 라이너스 폴링은 자신의 성공 비결에 대해 "그저 하고 싶은 생각이 드는 일만 해왔을 따름이다"라고 말한다미하이 칙센트미하이, 〈몰입의 즐거움〉, 해냄, 1997. 그는 아홉 살 때 아버지의 죽음으로 많은 고생을 했다. 대학에 다닐 때는 구내식당 청소를 했고 산악 지대에 아스팔트를 까는 인부로도 일했다. 그러면서도 독서광에다 광물과 식물, 곤충을 수집하는 등 탐구심이 남달랐다. 특히 그의 대단한 점은 아흔 살의 고령이 되어서까지도 어린아이와 같은 열정과 호기심을 간직했다는 것이다. 때문에 그가 하는 모든 행동과 말에서 생기가 느껴진다.

폴링은 가난한 환경에서 고생을 밥 먹듯이 하며 자랐지만 누구보다도 삶의 기쁨을 제대로 체득한 사람이다. 요즘 우리 사회에서 '계급의 대물림'이 고착화된다고 말하고는 하는데, 폴링의 사례를 보면 누구나 운명을 개척할 수 있을 것이다.

"하고 싶은 생각이 드는 일만 했다"는 폴링의 말은 자칫 오해를 불러일으킬 수도 있다. 마찬가지로 "마음 편한 일을 하고 자리 욕심만 버리면 세상 사는 게 너무 편하다"는 안철수의 말도 직장인에게는 이상적인 이야기로 비칠 수도 있다. 대부분 직장인의 경우 마음 편한 일만 할 수도 없고 자리 욕심을 내지 않을 수 없다. 더군다나 결코 하고 싶은 일만 할 수도 없다. 그러나 폴링이나 안철수가 말하는 것은 현재 자신이 할 수 있는 일에 최선을 다하면서 살아가는 것의 중요성이다. 그와 같은 자세로 살아가는 사람들은 어떤 환경에서든 아무리 어렵고 사소한 일일지라도, 그리고 설사 강요된 일이라 할지라도 그것을 흔쾌히 맡아서 처리한다.

언제나 자기 몫의 일을 신나게 하는 사람이 있는 반면 억지로 마지못해 하는 사람이 있다. 직장 생활에서는 작은 일이라도 먼저 열심히 하는 자세는 아무리 강조해도 지나치지 않는다. 일을 시키면 거절부터 하는 사람에게는 누구도 호감을 갖지 않는다. 반면 아무리 궂은일을 시켜

도 먼저 미소를 지으며 달려들어서 하려 한다면 나중에 더 큰일을 같이 하고 싶다는 생각을 갖게 한다.

돈을 인생의 기준으로 삼지 마라

안철수는 장래 설계나 자신이 하고 싶은 일을 고를 때에 돈을 기준으로 삼지 않았다고 한다. 그는 지금의 교육 환경에서는 청소년 시절에 자기 진로나 자신이 하고 싶은 일을 찾기가 힘들겠지만 대학에 들어가면서 부터 자기를 알아가려는 노력을 부단히 시도할 것을 주문한다. 직장에 다니면서도 마찬가지다. 또 성공한 직장인이라도 꿈과 다르게 살아가고 있다면 더 늦지 않게 자신의 길을 찾는 노력을 할 필요가 있다. 나중에 더 큰 정체성의 혼란에 빠질 수 있기 때문이다. 어쩌면 안철수가 살아온 날들은 자신의 정체성을 찾아가는 여정이라는 생각마저 든다.

대니얼 레빈슨은 〈남자가 겪는 인생의 사계절〉에서 "살아가면서 때로는 꿈을 재배치하는 일이 필요하며 이런 작업을 하지 않으면 그 대가를 받게 될 것"이라고 지적한다. 꿈과 성공은 어쩌면 별개일 수도 있고 사회적인 성공을 쫓다 보면 자신의 꿈을 유보할 수 있기 때문이다.

누구나 미래를 설계할 때 고려하는 기준으로 돈을 빼놓을 수 없다. 직장에 들어갈 때도, 이직을 할 때도 돈이 기준으로 작용하기도 한다. 톰 크

루즈 주연의 영화 〈야망의 함정〉으로도 만들어진 존 그리샴의 소설 〈그래서 그들은 바다로 갔다〉에서 주인공이 선택의 결정적 순간에 고려한 제1 기준은 돈이었다. 돈의 유혹에 끌려 변호사로서 부와 명예를 거머쥐려는 주인공은 그만 함정에 빠지고 만다. 주인공 미치 맥디르에게는 뉴욕 월스트리트의 대형 로펌에서도 스카우트 제의가 있었지만 이를 뿌리치고 남부 소도시인 멤피스의 작은 법률회사를 선택한다. 그 기준은 다름 아닌 돈이었다.

좋소. 첫해에는 기본급 8만 달러에 보너스를 지급하겠소. 둘째 해에는 8만5천 달러에 보너스 그리고 집을 구입할 수 있도록 낮은 금리로 융자해 드리겠소. 컨트리클럽 회원권 둘에 새 BMW도 한 대 내드리게 될 거요. 물론 차 색깔은 직접 고르시고. 존 그리샴, 〈그래서 그들은 바다로 갔다〉, 시공사, 2004.

하버드 대학을 졸업할 때 6만 달러의 등록금 대출금으로 겨우 삶을 연명하던 맥디르는 그만 물질의 유혹을 이겨내지 못하고 이를 덥석 물고 만다. 그곳이 자신의 영혼을 옥죄는 감옥임을 알지 못한 것이다. 어느 날 미치는 FBI 요원에게서 보트 폭발사고로 숨진 것으로 알려진 두 명의 변호사가 자신이 다니는 회사에 의해 청부 살해됐다는 이야기를 듣는다. 또 자신의 집뿐만 아니라 자동차에도 강력한 도청장치가 설치돼 24시간 감시당하고 또 바깥에 외출할 때마다 미행당하는 것을 알게 된다. 일순간 미치 맥디르의 일상은 감옥보다 더한 곳으로 변한다.

그것은 사회생활을 시작하고 직장을 선택할 때 돈을 제1의 기준으로 둔 데서 비롯되었다. 전도유망한 엘리트 법학도가 하루아침에 나락으로 떨어진 것이다. 이 소설은 엘리트 인재라도 돈에 눈이 멀어 순간적인 선택을 잘못했을 경우 얼마나 처절한 대가를 받는지를 교훈적으로 보여준다.

소설은 때로는 현실에서 보여주는 것보다 더 교훈적인 지침을 제공하기도 한다. 소설을 읽는 이유도 이 때문일 것이다. 안철수는 인터넷 서점 아마존에서 경제경영서를 구입해 읽지만 추리소설도 좋아해 자주 읽는다고 한다. 그 중에서 존 그리샴의 작품을 특히 애독한다. 최근 한 인터뷰에서 〈이노센트 맨〉을 읽었다고 했다. 안철수는 독서광답게 시간을 아끼는 일석이조의 전술로 아직 번역되지 않은 영문 소설을 읽으며 독서도 하고 영어 공부도 하는 것이다. 아울러 소설을 통해 진짜 삶과 가짜 삶을 구별하고 돈의 유혹을 경계하는지도 모른다.

성공을 이분법적으로 나누면 이기적 성공과 이타적 성공으로 볼 수 있다. 이때 이타적 성공은 전적으로 개인의 성공을 도외시한 성공이라기보다 자기의 발전을 추구하면서 동시에 다른 사람들의 발전을 돕고 아울러 사회에 기여하는 성공이라고 할 수 있다. 변호사의 길도 이기적인 성공과 이타적인 성공으로 나눌 수 있을 것이다. 변호사가 착한 성공을 꿈꾸는 경우 공공법률 서비스에 헌신하며 이타적인 성공을 추구하는 유형에 해당할 것이다. 반면 변호사가 미치 맥디르처럼 자신만의 성공과 야망만 좇는 경우는 그야말로 이기적인 성공이고 자칫 사회질서를 혼란스럽게 만들 수도 있다. 필자는 존 그리샴의 소설을 읽으면서 '무엇을 했느냐'가 아니라 '어떻게 살았느냐'가 중요하다는 안철수의 말이 떠올랐다.

원칙 있는 삶, 진짜 삶을 살기 위해서는 결코 돈의 유혹에 약해져서는 안 된다. 돈이야말로 원칙 있는 삶을 위협하는 최대의 적이라고 할 수 있을 것이다. 때로는 원칙 있는 삶을 벗어났다고 판단되면 자신의 삶과 꿈을 다시 설계할 용기도 가져야 한다. 그렇지 않으면 삶은 어느 순간 질식 상태에 이르고 때로는 감옥으로 변할 수도 있다. 돈을 선택할 것인가, 진짜 삶을 선택할 것인가는 각자에게 달려 있다. 그렇지만 안철수의 경우처럼 돈을 선택에서 제외하기란 쉽지 않다. 인간은 욕망에 약한 존재이기 때문이다. 그 욕망을 이겨내는 사람이 유혹으로부터 자유로워지는 진짜 삶을 살 수 있는 것이다.

선택을 하면 최선을 다해 끝장을 보라

피터 드러커는 '어떤 사람으로 기억되기를 바라는가'라는 주제에 대해 다음과 같이 말한다.

첫째, 우리는 자신이 어떤 사람으로 기억되기를 바라는지에 대해 스스로 질문해야 한다. 둘째, 우리는 늙어가면서 그 대답을 바꾸어야만 한다. 마지막으로 꼭 기억될 만한 가치가 있는 것 한 가지는, 사는 동안 다른 사람의 삶에 변화를 일으킬 수 있어야 한다는 것이다. 피터 드러커, 《프로페셔널의 조건》, 청림출판, 2001.

이들의 지적처럼 사람들이 꿈을 지니고 그것을 인생의 적절한 위치에 배치해 둘 수 있다면 인생은 풍요로워진다. 아무런 꿈도 갖고 있지 않거나 꿈을 실현할 방도를 찾지 못한 인생은 진정한 목적이나 의미를 찾을 수 없을 것이다. 이때 자신의 꿈과 인생의 목표, 비전을 새롭게 수정할 필요가 있다.

안철수는 고민을 많이 하고 선택하는 편이다. 의사를 그만둘 때는 6개월, 안연구소를 그만둘 때는 1년을 고민했다고 한다. 고민을 한 뒤, 죽을 때 후회하지 않을 것 같다는 결론이 나면 그때 행동에 옮긴다. 바둑도 어떤 때는 돌을 집고 한 시간 이상 고민하는 '장고파'에 해당한다. 쉽게 결정을 내리지 않고 다각도로 생각한 후에 정한다. 의학자에서 컴퓨터바이러스 백신 개발자, 벤처기업가로, 그리고 CEO에서 스스로 물러나 다시 경영학자를 선택하기는 결코 쉬운 결정이 아니다. 또 중도에 포기하지도 않았다. 한번 선택한 길은 그의 표현대로 "끝장"을 보고 난 후에 다른 선택을 했다.

안철수는 2008년 9월, 카이스트 첫 강의 시간에 학생들에게 이렇게 말했다.

너무 똑똑해 불행해진 사람이 많다. 이리저리 직업을 바꿔보지만 성과는 신통 찮다. 내가 직업을 가벼이 바꾼 것으로 오해하지 말아달라. 나는 한 분야에서 최 선을 다해 끝까지 간 다음 다른 곳으로 옮겼다. 〈중앙 SUNDAY〉, 2008.9.8.

선택에 신중을 기하는 만큼 안철수는 한번 선택을 하고 난 후에는 무 서우리만치 집중을 한다. 그는 일이든 공부든 모든 면에서 '선택과 집 중'을 적용하고 일을 진전시켜 나간다.

안철수가 고2때부터 성적이 점점 올라간 데는 집중력도 한몫했다. 그 는 어떤 일에 빠져들면 바로 옆에서 천둥이 쳐도 못 들을 정도로 무섭 게 집중한다. 몇 분 동안 책을 봤다고 생각했는데 서너 시간이 훌쩍 지 나갈 정도로 무아지경에 빠지고 마는 것이다.

MBC 〈무릎팍 도사〉에 출연한 안철수는 "군대 갈 당시에도 미켈란젤 로 바이러스 작업을 하다 V3 최초 버전을 만들어냈지만 일에 집중하다 보니 아내에게 군대 간다는 말도 안 하고 나왔더라"고 말해 웃음을 주 었다〈동아일보〉, 2009.6.18.

사실 안철수의 집중력은 허약한 몸에서 나왔다고 한다. 몸이 약했기 때문에 잠을 줄이는 데 한계가 있어서 집중해 공부할 필요가 있었다는 것이다. 단점이 많은 사람이 오히려 성공하고 병치레를 자주 하는 사람이 오래 사는 이치와 같다. 음이 양이 될 수 있고 마이너스가 플러스가 될 수 있다는 말이다.

불광불급不狂不及이라는 말이 있다. 미치지 않으면 미치지 못한다, 광적으로 덤벼들어야 무언가를 이룰 수 있다는 뜻이다. 이때 미칠 정도의 일을 찾는 게 중요한데, 현재 자신이 하는 일에 최선을 다하다 보면 미칠 수 있는 일을 찾을 수 있다고 안철수는 말한다.

기초 다지기

기초부터
제대로 익혀라

무시해도 좋을 만큼 사소한 일은 없다. '작은 하나'가 '전부'로 변할 수도 있다.
― 마이클 레빈, 〈깨진 유리창 법칙〉 중에서

'노력 없이 피어나는 꽃은 없다.'

독보적인 경지에 오른 사람들이 공통적으로 들려주는 경구다.

요즘 공부법으로 '족보'를 빼놓을 수 없다. 초등학생부터 대학생까지, 심지어 고시생이나 공무원 시험 준비생, 운전면허 시험생까지 족보로 공부한다. 웬만한 자격증은 시험에 대한 족보가 있어서 그것만 열심히 봐도 좋은 성적을 올릴 수 있다. 여기서 족보란 기출 문제를 중심으로 시험 출제빈도가 높은 문제를 일컫는다. 족보 위주로 공부하면 단기적으로 성적을 올릴 수 있지만 전체적으로 기초 지식을 쌓기는 어렵다. 여행에 비유하자면 관광지 위주로 구경하고 마는 꼴이다. 명소 위주로 관광하다 보면 와자지껄한 시장이나 마을 구석구석 같은 삶의 현장을 느낄 수 있는 '진정한 여행'을 경험하지 못한다.

반드시 기본을 익히고 실전에 나서라

안철수의 공부법에서 특이한 것은 족보로 공부하지 않고 교과서만 봤다는 점이다. 다른 학생들이 모두 문제집을 풀 때도 그는 교과서를 봤다. 그러나 문제집으로 공부한 학생보다 결코 성적이 나쁘지 않았다. 어차피 문제집에 있는 문제도 결국 책에 있는 것들이니까 별로 걱정하지 않았다. 이런 방식은 더디고 미련해 보인다. 하지만 안철수는 기초가 튼튼해야 나중에 속도를 낼 수 있다고 생각했다.

의과대학 시절, 시험 준비를 할 때에도 남들은 처음부터 족보를 보고 공부하는 데 반해 안철수는 교과서를 봤다. 교과서 내용을 중심으로 공부했지만 문제집으로 공부한 친구보다 점수가 낮지 않았다. 처음에는 한 단계 올라서는 데 남보다 훨씬 많은 시간이 걸렸지만 책을 봐둔 덕분인지 얼마 안 가서 가속도가 붙고 남들보다 훨씬 빨리 이해할 수 있었다.

사람들은 일을 성취하려고 할 때 으레 쉽고 빠른 지름길을 찾거나 맨몸으로 실전에서 부딪치며 배워나간다. 하지만 안철수는 언제나 가장 기본이 되는 것이 무엇인지 생각하고 튼튼한 기초 쌓기에 힘을 기울였다.

일찍이 〈징비록〉을 쓴 조선 중기의 문신인 유성룡도 과거 시험을 공부할 때 족보로 하지 않았다. 당시에도 과거 시험에 대비해 모의 시험을 치거나 시험 기출문제를 모아 족보를 공부하는 '거접居接'이 전국에서 성업 중이었다. 그러나 유성룡은 거접에 가지 않고 오로지 〈사서삼경〉을 중심으로 공부했다고 한다. 그야말로 교과서적인 공부라고 할 수 있다. 그는 과거 시험 준비생들이 〈사서삼경〉 등 수양과 학문을 위한 공부는 하지 않고 오로지 합격하기 위해 족보 등 시험문제 위주로 공부한 결과의 폐해를 지적한 바 있다. 요즘도 고시생들은 족보를 달달 외우고 시험문제 위주의 공부에 매달린다. 정작 읽어야 할 교양서는 아예 읽을 시간이 없다. 고시생이나 전문 자격 시험에 합격한 이들치고 교양서를 제대로 읽은 이는 그리 많지 않을 것이다. 그 분야의 전문 지식은 있겠지만 사회를 보는 안목과 통찰력, 식견은 아무래도 모자랄 수밖에 없다. 하지만 유성룡은 〈사서삼경〉 위주로 공부하다 보니 시험 대비는 절로 됐고 과거 시험에도 합격했다. 이게 바로 기본기를 튼튼히 하는 '큰 공부'라고 할 수 있을 것이다.

교과서대로 해도 손해보지 않는다

교과서 위주로 공부한 안철수는 삶의 현장에서도 교과서대로 하면서 원칙을 지켜왔다. 대부분의 사람들은 교과서대로 하면 손해보고 망한다고 하지만 안철수는 그럴수록 교과서대로, 이론대로 하려고 애썼다.

이러한 그의 태도는 어쩌면 경영자로서 현실을 너무 모른다는 핀잔을 들을 수도 있고, 너무 순진하다는 편견을 갖게 할 위험도 있다. 하지만 그는 '교과서대로 하기'를 통해 벤처기업을 성공시켰다. 그것도 대한민국에서 가장 존경받는 기업으로 가장 바람직한 기업 문화를 일구었다. 무엇보다 새로운 성공 모델을 만들었다.

안철수는 풍부한 독서를 하면서 간접체험을 통해 정신적 기초 체력을 다질 수 있었다. 그의 삶의 태도 혹은 원칙은 다음의 문장에 압축되어 있다 해도 과언이 아니다.

'교과서 중심으로 공부했고 기업 경영도 교과서대로 임한다.'

마케팅도 정론대로 실행하려고 노력한다. 땀 흘려 일하다 보면 땀의 가치는 언젠가 드러나게 마련이라는 신념이 있기 때문이다. 교과서대로 하지 않고 편법을 쓰면 수익은 낼 수 있지만 오래갈 수는 없다. 시간이 지나면 진실은 드러나게 돼 있고 고객들도 편법을 알게 된다. 그때는 더 큰 피해가 발생하고 수습할 수 없을 지경에 이를 수도 있다. 단기적인 수익을 올리려다 회사 문을 닫아야 하는 사태까지 발생할 수 있는 것이다.

교과서 위주로 공부한 안철수는 미지의 세계로 들어갈 때도 항상 책을 통해서 먼저 그 세계를 간접경험하는 원칙이 있다. 안철수가 보여준 교과서적인 공부와 기본기 중시는 우리 사회가 반드시 배워야 할 덕목이다. 진정으로 성공하고 싶다면 기본기를 다지는 일을 우선해야 한다.

요즘 학생들은 교과서는 거들떠보지도 않고 참고서나 족보 위주로 공부한다. 요령만 익히는 공부를 하는 것이다. 성적 올리기에 초점을 둔 참고서나 족보 위주의 공부로는 튼튼한 기초를 만들 수 없다. 공부는 예나 지금이나 우직하게 기초부터 충실하게 하는 사람을 이길 수 없다.

김연아와 안철수의 공통점

자기 분야에서 독보적인 성공을 거둔 이들에게 발견되는 공통점은 바로 '기초 중시'다. 안철수에게 특히 두드러지는 점은 바로 답답할 정도로 교과서적인 공부, 교과서적인 훈련을 통해 실력을 쌓았다는 것이다. 교과서는 우리 사회에서 '순진한 텍스트'라는 말과 다름 아니어서 무시되기 일쑤다. '교과서대로 산다'는 말에는 원칙에 치우치고 융통성이 없어 결국에는 손해만 보는 사람이라는 인식이 깔려 있다. 기본기가 없고 기초가 부족하더라도 결과만 좋으면 된다는 인식이 우리 사회에 편법주의와 부정부패, 출세지상주의를 부추긴 측면도 있다.

　일곱 살 때 피겨를 시작한 김연아 선수는 혹독할 정도로 기초 훈련을 받았다고 한다. 현재 김연아는 '점프의 정석'으로 평가되고 있다. 어머니 박미희 씨는 연아의 점프력은 어느 정도 타고난 편이고 근력 운동도 뒷받침되었지만 중요한 것은 점프를 처음 가르치는 코치로부터 제대로 배운 데 있다고 말한다.

연아는 만 12세 이전에 피겨의 다섯 가지 트리플 점프를 모두 완성했다. 이는 세계적인 선수들의 공통점이라고 한다. 연아가 점프를 처음 시도한 것은 초등 1학년 때였다. 점프는 처음에 반 바퀴 도는 것부터 배운다. 그렇게 시작해서 1회전 반, 2회전, 2회전 반, 3회전으로 올라간다. 오랫동안 스케이트를 하면 누구나 2회전까지는 할 수 있다. 그러나 2회전 반으로 넘어가기까지는 산을 하나 넘어야 한다. 그래서 선수로 가느냐 그냥 도태되느냐의 선이 2회전 반이라고들 한다.
박미희, 〈아이의 재능에 꿈의 날개를 달아라〉, 폴라북스, 2008.

김연아는 2학년 말부터 2회전 반을 준비해서 4학년 때 완성했다. 꼬박 2년이 걸린 셈이다. 점프 동작 하나를 완성하는 데만 1만 번 이상의 연습이 필요하다고 한다. 동작 하나를 익히는 데는 보통 1~2년 정도가 걸린다. 김연아는 이러한 고된 훈련을 통해 기초를 다져 결국 점프의 정석으로 불릴 수 있었던 것이다. 반면 김연아의 라이벌로 거론되는 일본의 아사다 마오는 점프에서 약간 규칙에 어긋난 습관을 가지고 있어 애를 먹고는 한다. 이미 굳어진 버릇을 고치기란 결코 쉽지 않다. 어머니 박미희 씨는 "처음 배울 때 제대로 가르쳐주신 선생님이 고마울 따름이다. 그렇게 익힌 것이 흐트러지지 않고 몸에 뱄기 때문에 결국은 오늘에 와서 빛을 보게 된 것 같다"고 말한다.

김연아는 점프를 하나씩 배워가다 6학년 때 그 어렵다는 트리플 점프를 완성할 수 있었다. 그 이후부터는 기술이든 연기력이든 조금만 건드려주면 한꺼번에 피어올랐다. 어머니는 "노력과 재능은 서로 보완한다. 재능은 노력 없이 피어날 수 없고, 노력은 재능이 없으면 큰 성과를 가져다주지 못한다"고 강조한다.

김연아는 1년에 300일을 훈련하고 한 번 훈련할 때마다 30번 이상 점프한다. 1년으로 따지면 9,000번, 점프 성공률은 80% 안팎이라고 한다. 1년 동안 점프하다가 넘어지거나 주저앉는 게 1,800번이나 된다.

"연아 어머니, 아직 멀었어요? 불 꺼야 돼요."

전용 연습장이 없어 손님이 없는 밤 10시부터 새벽 1시까지 연습을 해야 했던 김연아와 어머니 박미희 씨가 10여 년 동안 수없이 들었던 말이다. 김연아 역시 전문가라면 누구나 겪었던 1만 시간, 10년 동안의 혹독한 훈련을 이겨낸 것이다.

"연아를 지켜봐 온 경험에 비추어봤을 때 어쩌면 천재성이라는 것은 꽃과 같다는 생각이 든다. 아무도 모르게 조용히 숨어서 조금씩 벌어질 준비를 하다가 어느 순간에 활짝 피어나는 꽃 말이다. 노력 없이 피어나는 꽃은 없다."

딸을 옆에서 지켜보면서 재능을 키워낸 어머니만이 할 수 있는 말이다.

아사다 마오는 첨단 시스템을 갖춘 주쿄 대학 오로라 빙상장에서 홀로 연습한다. 이렇게 완벽한 조건을 갖추고 할 경우 자칫 긴장이 느슨해 질 수도 있다. 언제든지 오면 연습할 장소가 있다는 생각에 훈련을 게을 리할 수도 있기 때문이다. 공부도 단칸방에서 가족과 함께 생활하며 악조건을 이겨낸 학생이 인간 승리를 일구는 경우가 허다하다.

어쩌면 오늘의 김연아를 만든 것은 지독한 훈련 때문이기도 하지만, 상대적으로 '악조건'인 상황도 큰 몫을 차지했다고 볼 수 있다. 전용 링크가 아닌 심야에 돈을 주고 빌린 링크에서 연습하면 그야말로 주어진 시간을 최대한 활용해 최선의 연습을 하게 된다. 허락된 시간 안에 해야 하기 때문에 전력을 다해 열심히 땀을 흘린다. 또 '본전' 생각에 1초도 그냥 허비할 수가 없다.

기초부터 알기. 그것은 그레이엄 코치가 우리에게 준 커다란 선물이었다. 기초, 기초, 기초! 대학교수로 있으면서 많은 학생들이 손해를 보면서도 이 점을 무시하는 것을 보아왔다. 당신은 반드시 기초부터 제대로 익혀야 한다. 그렇지 않으면 그 어떤 화려한 것도 해낼 수 없다.

랜디 포시의 〈마지막 강의〉에 나오는 한 대목이다. 랜디 포시는 췌장암에 걸려 한창 교수로 일할 나이인 47세에 세상을 떠난 비운의 주인공이다. 췌장암을 통고받은 그는 마치 한 편의 동화처럼 자신이 몸담은 카네기멜론 대학에서의 마지막 강의를 통해 어린 시절 꿈을 이루기 위해 애쓴 자신의 삶을 학생과 그의 세 자녀들에게 마지막으로 들려주었다. 그는 어릴 적부터 더 높은 꿈을 만들고 그 꿈을 이루기 위해서는 기초를 다지는 것이 무엇보다 중요하다고 강조했다.

Good-natured
Power

원칙 중시

원칙을 세우면
타협하지 마라

원칙이란 수시로 변경 가능한 지도가 아니라, 어떤 상황에서도 항상 정북을 가리키는 나침반이어야 한다.

— 스티븐 코비, 〈원칙 중심의 리더십〉 중에서

'원칙은 손해를 감수하면서까지 지킬 때 진정한 의미가 있다.'

안철수 삶의 철학은 이 한마디로 요약된다.

그는 원칙을 세우면 타협하지 않는다. 원칙을 세우고 이를 준수하는 것은 그가 생각하는 성공의 조건이다. 이를 위해 그는 리더십에 대해 항상 공부하고 사색한다. 〈주간한국〉2004.12.2과의 인터뷰에서 이 신념을 확실히 느낄 수 있다.

"리더십의 핵심은 원칙과 일관성입니다. 매사가 순조롭고 편안할 때 원칙은 누구나 지킬 수 있습니다. 그런데 원칙을 원칙이게 만드는 힘은 어려운 상황, 손해를 볼 것이 뻔한 상황에서 그것을 지킬 때 생겨납니다. 상황이 어렵다고, 나만 바보가 되는 것 같다고 한두 번 원칙에서 벗어나면 그것은 진정한 원칙이 아닙니다."

리더라면 솔선수범을 통해 스스로 일관성 있게 원칙을 지키고, 성실하게 상대방과의 약속을 지키는 모습을 보여주는 것이 필요하다.

원칙은 손해를 감수하며 지킬 때 의미가 있다

안철수에 관해 자주 회자되는 에피소드가 몇 가지 있다. 그가 〈무릎팍도사〉에 출연해 밝힌 내용에 따르면 외국계 회사가 안철수연구소를 인수하려고 한 적이 있다고 한다. 창업 2년 만인 1997년 6월, 한 회사가 안철수연구소 인수를 100억 원에 제의했으나 이를 거절했다고 한다. 당시 매출 10억짜리 신생 회사를 미국의 맥아피McAfee가 천만 달러를 줄 테니까 팔라고 했을 때 고민하지 않고 그냥 거절한 것이다. 당시 맥아피 사람들은 이 정도면 미국에서 요트를 타고 평생 호의호식할 수 있다고 유혹했다. 하지만 원칙에 충실하는 것이 정도正道라고 생각해 한마디로 거절했다는 것이다.

안철수연구소를 시작할 때 사익보다 공익을 우선했기에 그는 흔들리지 않을 수 있었다. 애초에 안철수가 회사를 설립한 목적은 돈을 버는 데 있지 않았다. 안철수연구소는 영리를 목적으로 하는 회사라기보다 사회 구성원으로서 사회에 기여하는 것 그 이상도 이하도 아니었다고 한다. 이것은 안철수가 비즈니스를 시작할 때의 원칙이었다.

또 하나 회자되는 이야기는 코스닥 등록과 관련된 것이다.

2000년 닷컴 열풍이 한창일 시기에 벤처기업가 중에는 이른바 '먹튀투기적인 벤처기업가가 기술이나 수익 모델 없이 사업을 벌여 돈만 챙기는 것'도 있었다. 그들은 코스닥에 등록해 시세 차익을 얻고 회사를 팔아넘겨 막대한 돈을 거머쥐었다. 당시 안철수 역시 주위로부터 닷컴 기업에 투자하면 돈을 벌 수 있다는 권유를 받았다. 1999년 70억 원의 당기_{當期}순이익을 낸 안철수연구소는 단연 코스닥 등록 1순위로 거론됐다. 투자 제안도 봇물처럼 쏟아졌다. 그러나 안철수는 핵심 역량과 관계된 분야가 아니면 투자하지 않는다는 원칙에 따라 거절했다. 또 예상을 깨고 코스닥 등록도 하지 않았으며 닷컴 붐이 꺼지고 난 2001년에야 코스닥 문을 두드렸다.

안철수가 2000년에 코스닥 등록을 주저한 것은 닷컴 붐이 꺼지고 코스닥 거품이 빠지면 결국 투자자들만 손해를 보고 회사주를 받은 직원들이 큰 빚을 떠안을 것을 우려해서다〈한겨레〉, 2008.7.5. 안철수 개인은 부자가 될 수 있겠지만 그는 이때도 선택 앞에서 과감하게 '돈'을 버렸다. 대신 그에게 회사와 사회에서 더 신뢰하고 존경받는 기업인이라는 보답이 돌아왔다. 이는 돈보다 더 큰 보상이었다. 신뢰는 기업인이라면 또는 정치인이라면, 아니 리더를 꿈꾸는 모든 이들이 반드시 겸비해야 하는 필수 덕목이라고 하겠다.

필립 코틀러의 〈착한 기업이 성공한다〉를 보면 착한 기업이란 어떻게 하면 사회적 책임을 이행하면서 동시에 비즈니스상의 실리도 챙길 수 있는가를 추구한다고 한다. 그러나 안철수의 '착한 성공'은 착한 기업이 추구하는 것과는 다소 성격이 달라 보인다. 그가 창업한 안철수연구소는 출발부터 기업의 목표를 돈 즉, 이윤을 추구하는 데 두지 않았다. 이윤을 확보하기 위해 상품을 파는 것이 아니라 좋은 상품을 정직하게 만들어 고객을 속이지 않고 최선을 다한다면 이익은 그 결과로 얻을 수 있다는 것이다. 그가 박원순 변호사와의 서울시장 후보 단일화 때 보여준 행동처럼 자신의 선택에서 개인적인 이득은 먼저 고려하지 않는다.

그래서인지 "안철수연구소는 불우이웃 돕기 캠페인이나 모금 운동에도 돈을 내지 않는다는 원칙을 세웠다"고 한다(주간조선), 2005.2.28. 흔히 사회적 책임을 다하기 위해 으레 하는 것이 기부인데 안철수연구소는 이러한 기부마저 하지 않겠다는 원칙을 세운 것이다. 착한 기업을 표방한다면 당연히 불우이웃 돕기 성금을 낼 텐데 자칫 오해를 살 수 있는 문제다. 이는 아마도 생색내기용 기부보다 정직하고 신뢰받는 기업을 만드는 것에 더 큰 가치를 두기 때문일 것이다. 즉, 기업이 정직하게 제품을 만들어 팔고 고객의 신뢰와 사랑을 얻는다면 그것이 바로 사회적 책임을 다하는 기업일 수 있기 때문이다. 그런 회사라면 일하는 임직원들 또한 자아실현 욕구를 더 충족할 수 있을 것이다. 이미 안철수연구소는 V3를 개인이 무료로 사용할 수 있도록 제공하고 있으며, 이는 역시 기부의 한 형태이고 이것만으로도 신뢰와 사랑을 받기에 충분하다. V3 배포는 제품을 무료로 제공하고 그 덕분에 올라간 기업 인지도를 활용해 다른 제품을 많이 팔려는 마케팅은 결코 아닌 것이다.

인생의 길을 걷다 보면 예외 없이 선택과 결단을 내려야만 하고, 살아가는 것은 그러한 판단의 집적이자 결단의 연속이다. 이때 지침이 없는 선택은 지도 없이 떠나는 항해와 같으며, 철학이 없는 행동은 등불 없이 어두운 밤길을 걷는 것과 마찬가지다.

원리 원칙은 결코 회사의 사익이나 체면에 있지 않다. 그것은 사회나 사람들에 대한 공헌에 있다. 이용자들에게 훌륭한 제품과 서비스를 제공하는 것이 기업 경영의 근간이자 원리 원칙이어야만 한다. 이나모리 가즈오, 〈카르마 경영〉, 서돌, 2005.

교세라 주식회사의 창업자인 이나모리 가즈오는 원리 원칙에 따르는 삶이란 두 가지 길 가운데 어느 쪽을 선택하면 좋을지 몰라 고민될 때, 자신의 이익을 앞세우지 않고 아무리 힘든 일이 많은 가시밭길이라도 '모름지기 가야 할 길'을 선택하는, 어떻게 보면 우직하고 요령 없어 보이기도 하는 그런 삶이라고 말한다.

이나모리는 일본이 부동산 광풍에 휩싸여 있을 때 부동산에 투자투기 하라는 유혹을 많이 받았지만 투자하지 않았다. 그것은 그의 '경제 원칙'에 반하는 것이기 때문이었다. 경제 원칙으로 따지자면 "가지고만 있어도 물건의 가치가 오른다"는 논리는 터무니없다. 그런데도 원칙에 반하는 행위가 당연한 것처럼 횡행하고 있었다. 결국 부동산에 투자한 기업들은 거품이 꺼지면서 타격을 받았다고 그는 강조한다.

이나모리는 이처럼 손해를 보면서도 지켜나갈 수 있는 철학이 있느냐 없느냐, 고통을 알면서도 받아들일 각오가 되어 있느냐 없느냐는 그 사람이 진정한 삶의 방식을 갖추었는지 여부와 성공의 열매를 거둘 수 있는지 여부를 결정하는 분수령이라고 말한다.

이나모리는 "원리 원칙은 다만 알기만 해서는 안 된다. 실행할 때 비로소 의미가 있다"고 강조하며 자신의 경험담을 들려준다. 교세라가 한창 전성기를 맞던 시절, 임원들은 업무상 외출할 때 운전사가 딸린 차를 타고 나갈 수 있었다. 한 임원이 정시에 퇴근하려고 했는데 회사 차를 쓸 수 없었다. 임원이 늦게까지 일하는 것으로 알고 총무과에서 업무상 차가 필요한 영업부장에게 그 차를 쓸 수 있도록 조정해 주었기 때문이다. 그것을 안 임원은 노발대발했고 이 이야기는 이나모리 회장의 귀에까지 들어갔다. 그때 이나모리는 임원을 불러 회사 차는 업무용이지 출퇴근하는 자가용이 아니라고 주의를 주었다. 임원은 어느새 원칙을 어기고 회사 차를 자가용으로 활용하고 있었던 것이다.

공과 사를 엄격히 구분하라

안철수가 CEO로 재직할 때는 공사의 구분이 엄격해 직원들이 야속하게 생각할 정도였다. 한번은 식사를 하는데 한 직원이 동석을 했다. 안철수는 한 직원과 밥값을 교대로 내면서 식사를 했는데 또 다른 직원이 식당에서 우연히 합석하게 된 것이다. 식사를 마친 후 계산을 할 때 안철수는 고민하다가 그 사람의 식비는 내지 않았다. 당연히 그 직원은 '사장님이 어떻게 저럴 수가!' 하며 자기 돈으로 식비를 낸 후 꽤나 오해했다고 한다. 안철수는 나중에 이 일에 대해 "짜다는 소리를 들어도 이렇게 아낀 돈을 나중에 공정하게 나누는 것이 더 바람직하다고 생각했다"고 한다〈한국경제〉, 2001.2.28.

안철수는 회사 돈과 내 돈, 회사 시간과 내 시간을 엄격하게 구분한다. 그 결벽증으로 인해 직원들의 오해를 사기도 한 것이다. 다른 사람 같으면 아마도 회사 돈과 내 돈을 구분한다 해도 일단 직원의 식비를 함께 계산할 것이다. 그러나 안철수에게는 그런 융통성이 없다. 이런 모습은 개인적인 인간관계에서는 단점으로 작용할 수도 있겠지만 조직 속 리더의 위치에 있다면 큰 강점으로 작용할 수 있다. 융통성 없는 사람에게 자신의 잇속을 챙길 게 뻔해 보이는 청탁을 함부로 하지 않을 것이기 때문이다. 융통성 없는 조직 운영은 달리 말하면 원칙에 충실한 경영이라고 할 수 있다. 한번 정해놓은 원칙을 흔들림 없이 경영에 적용한다면 누구도 그 원칙을 위반하려고 하지 않을 것이다.

굳이 뉴스를 들추지 않더라도 주변을 둘러보면 생활비마저 회사 법인 카드로 긁는 이들도 있다. 필자가 신문기자 시절에 기업 관계자들을 만나보면 법인 카드로 아내의 생일 선물을 사주는 사람들을 종종 볼 수 있었다. 우리 사회에서 기업인들의 '모럴 해저드도덕적 위험'는 이미 관행이 된 지 오래다. 그래서 이건희 삼성그룹 회장이 그 내부에 메스를 가한 것이다. 회사 돈과 내 돈, 회사 시간과 내 시간에 대한 안철수 식의 강박증 같은 엄격한 구분을 이젠 모두가 비즈니스 세계에서 실행해야 하지 않을까?

〈깨진 유리창 법칙〉을 쓴 마이클 레빈은 "개인의 삶에서 강박증은 고통스러운 질병인지 몰라도 비즈니스 세계에서는 반드시 필요한 습관이다"라면서 "작은 것에도 세심하게 주의를 기울이고 깨진 유리창이 없나 철저히 확인하는 태도를 강박적으로 가져야 한다"고 강조한다.

시오노 나나미의 〈로마인 이야기〉에 따르면 팔라티노 언덕은 로마 최고의 권력자와 부자들이 사는 곳이었다. 건국자 로물루스가 최초의 주거지로 정한 이 언덕은 로마의 언덕 일곱 개 중 입지 조건이 가장 좋았다. 테베레 강 바로 옆에 있어 강을 건너 불어오는 서풍이 상쾌했으며 푸른 초목과 저지대의 떠들썩함과는 완전히 동떨어진 별천지로 최상의 주거지였다. 로물루스에 이어 초대 황제 아우구스투스가 저택을 지은 뒤 언덕은 황제들의 궁전으로 채워졌다. 황제가 없었던 공화정 시대에는 부유한 로마 시민들의 저택이 늘어선 고급 주택가로 명성이 자자했다. 로마의 명문 귀족인 발레리우스, 아피우스 클라디우스, 파비우스, 코르넬리우스, 아이밀리우스도 대대로 팔라티노 언덕에 거처했다. 그라쿠스 같은 평민 귀족 출신이나 로마 최고의 부호였던 크라수스도 이곳에 살았다. 변호사로 출세한 지방 출신 키케로도 빚까지 얻어 집을 산 곳이 바로 팔라티노 언덕이었다.

그러나 율리우스 카이사르는 달랐다. 그는 로마 최고의 명문 귀족 출신이었지만 팔라티노 언덕 아래 서민들의 집단 거주지인 '수부라'에서 태어났다. 카이사르는 52세에 루비콘 강을 건너 절대 권력을 잡은 후에도 결코 이곳을 떠나지 않았다. 모두가 권력을 쥐고 부를 축적하면 팔라티노 언덕에 집을 샀지만 카이사르만은 사지 않았다.

한편 카이사르는 로마 최고의 부호 크라수스에게 엄청난 돈을 빌려 썼다. 빚이 많았고 돈을 물 쓰듯 했지만 개인의 물욕을 위해서 사용하지는 않았다. 빚낸 돈으로 도로 보수 같은 공공사업을 벌였으며 시민들의 오락을 위해 검투사 시합을 개최했다. 국고 지원이 여의치 않자 자신의 돈으로 충당한 것이다. 하지만 개인적인 용도로는 한 푼도 사용하지 않았다. 그래서 로마인들은 엄청난 빚쟁이에 바람둥이였던 카이사르를 결코 미워할 수 없었고 오히려 그에게 선망의 눈길을 보냈다고 한다.

카이사르가 부동산에 관심을 보인 것은 로마의 심장부인 포로 로마노Foro Romano를 확장하는 것을 비롯한 공공사업뿐이었다. 무덤에도 관심이 없었기에 그의 무덤은 존재하지 않는다. 이래서는 정적들도 그의 부채를 가지고 시빗거리로 삼기 어렵다. 사복私腹을 채우는 데 사용하지 않은 이상 돈의 출처가 어디든 불평할 수 없기 때문이다. 카이사르는 개인의 부를 축적하지 않고 서민들과 함께 수부라에 살면서도 세상을 자신의 것으로 만들었다. 그것은 돈에 대한 그의 확고한 원칙 덕분이었다.

신뢰를 잃으면 아무것도 얻을 수 없다

안철수는 항상 수업 시간 5분 전에 강의실로 들어선다. 그리고 정확히 11시에 수업을 시작한다. 학생들이 조금이라도 지각한 경우 모두 학점에 반영될 정도로 시간관념이 철저하다. 강의 특성상 수업 참여와 출석 비중이 크기 때문에 강의 내내 학생들의 질문은 끊이지 않고 수업과 관련 없는 질문도 끝까지 대답해 준다. 강의가 취소되면 주말 내내 학교에 나와 보충수업을 해준다. 학생들은 매시간 과제가 있고, 읽어야 할 책의 양도 상당히 많은 편이지만 학점을 그리 후하게 주지 않아서 A+를 받은 사람은 한 명도 없다. 그래도 학생들은 지식을 얻는다는 느낌보다 마음으로 깨닫는 것이 훨씬 많았다고 입을 모은다. 〈조선일보〉, 2009.6.22.

    이 기사에서 소개되었듯이 안철수는 강의에 임할 때에도 철저하게 원칙대로 한다. 그는 열정 있는 강의, 빈틈없는 진행, 적극적인 수업 참여 등 과정을 매우 중시하고, 치열한 공부, 시간 엄수, 상호 커뮤니케이션에 무게를 둔다. 이를 통해 안철수는 학생들로부터 완벽한 신뢰를 얻었으며 교수 강의평가에서 거의 만점에 가까운 점수를 받았다고 한다.
    안철수는 시간개념이 명확하다. 시간 지키기는 바로 타인에 대한 배려의 출발이자 자기 관리의 시작이기 때문이다. 그리고 조직 동료에 대한 배려 중에서 가장 쉽게 실천할 수 있으면서도 가장 효과가 큰 것이 시간 지키기다.

수첩에 약속 시간을 적을 때 12시라면 12시로 적지 않고 반드시 11시 50분으로 메모하는 이가 있다. 약속 장소에 10분 먼저 가면 약속 시간을 지킬 수 있고 수첩에 적은 메모를 읽으며 사색할 수 있기 때문이다. '참 세월이 빠르네. 벌써 6개월이 지나갔구나' 혹은 '참 그때 이런 일이 있었네'라는 생각과 함께 웃음 짓게 만든다. 그는 "이럴 때 뭐라 말해야 좋을지 모르지만 뿌듯해지고 충만감을 느낄 수 있다"고 말한다. 짧은 시간이지만 상대방을 원망하기보다 자신을 되돌아보고 잠시 동안이라도 추억에 잠기는 시간으로 갖는 것이다.

이러한 메모를 40년동안 습관으로 만들어 CEO로 '롱런'한 이가 김우황 전 제일화재 부회장이다. 그는 경희대 법대를 나와 내쇼날푸라스틱 주식회사 대표이사를 시작으로 호남식품 대표이사 부회장을 거쳐 2001~2009년초까지 제일화재해상보험 대표이사 부회장으로 재직했다. 2006년 한국경영사학회가 선정한 올해의 CEO 대상 수상자로 선정되기도 했다.

〈깨진 유리창 법칙〉에서 마이클 레빈은 눈에 잘 보이지 않는 사소한 허점이 곧 비즈니스의 무덤이 될 수 있다고 강조한다. 하나의 작은 깨진 유리창이 비즈니스를 위기로 몰아넣을 수 있다는 것이다. 깨진 유리창 즉, 사소한 실수나 습관을 고치지 않으면 치명적인 결과를 초래할 수 있다. 약속 시간도 그렇다. 약속 시간을 제대로 지키지 않으면 그 사람의 인간됨의 척도를 알 수 있다. 레빈은 "가장 치명적인 깨진 유리창은 사람이다"라고 말한다.

개인에게 깨진 유리창은 시간을 지키지 않는 데서 시작된다. 시간이나 약속을 지키지 않으면 연쇄적으로 개인의 신뢰에 금이 간다. 제때 업무를 이행하지 못해 책임감 없는 사람으로 낙인찍힐 수 있다. 이것이 안철수가 시간 관리와 함께 시간 지키기 즉, 약속 지키기를 중시하는 이유다. 안철수는 약속을 잘 지킨다. 지키지 못할 약속은 하지 않기 때문에 약속을 어기는 일이 없다. 한 언론과의 인터뷰에서 그는 이렇게 말했다〈주간한국〉, 2004.12.2.

"절대 거짓말을 하지 않는다. 지킬 수 없는 약속은 하지 않는다. 다른 사람을 이용하지 않는다." 안철수는 이런 원칙을 세워놓고 실천한다. 한번도 거짓말을 한 적이 없단다. 자신의 이익을 위해 남을 이용한 적도 없단다. 엉뚱한 약속을 한 적도 없단다. 이 기사를 쓴 한근태 교수서울과학종합대학원는 "다른 사람이 그런 이야기를 하면 코웃음을 쳤을 것"이지만 거짓말을 하는 안철수를 상상할 수 없기에 그의 말에 동의한다고 했다.

안철수는 완성된 천재형에 가깝다. 명석한 두뇌, 감각적인 예지력을 갖추고도 책벌레에 노력파다. 그런데도 그의 이름 앞에 깍쟁이 같은 천재라는 단어가 어색한 것은 바탕에 깔린 그의 품성 때문인지도 모르겠다. 그는 착하다. 안철수연구소의 가장 큰 자산은 고객들이 주는 신뢰다. 이 기업이 속이거나 폭리를 취하지 않을 것이라는 믿음. 그 많은 부분이 안철수 개인에게서 왔음을 부인하기 어럽다. 〈한겨레〉, 2008.7.5.

안철수는 우리 사회에서 신뢰의 아이콘이 되고 있다. 그가 서울시장 불출마를
선언하고 대선후보에는 뜻이 없다고 하는데도 여전히 높은 인기를 누리는 것은
우리 사회가 그만큼 신뢰에 목말라하고 있다는 반증일 것이다. 안철수와 '청춘
콘서트'를 진행한 시골의사 박경철은 안철수에 대한 평가에서 한마디로 신뢰의
힘을 느낄 수 있었다고 한다. 박경철은 언론과의 인터뷰에서 안 원장과 본격적
으로 대화를 시작한 지 3년 정도 됐다면서 "안 원장은 말하는 대로 행동하는 사
람이다"라고 평가한다. 이어서 "그동안 그를 지켜보면서 이 사람은 '안 되는 것
은 안 된다'고 말하는 사람이라는 것을 알았다"며 안철수에게서 신뢰의 힘을 깨
달았다고 말한다. "자기가 말한 대로 간다. 그런 사람을 만난 적이 없다. 처음에
는 신기하게 생각했다. 시간이 지나면서 옆에서 지켜보니까 이 양반이 무슨 말을
해도 믿게 되더라. 이것이 신뢰의 힘이다"라고 말했다. 〈한국일보〉, 2011.10.1.

안철수는 안철수연구소를 2005년에 떠났지만 이곳은 여전히 그의
후광을 받고 있다. 그 밑바탕에는 인간 안철수에 대한 신뢰가 있다. 그
는 열심히 노력하고 좋은 제품으로 신뢰를 얻으면 그 결과로 돈이 따라
오는 것이지 돈을 먼저 생각해서는 결코 안 된다고 강조한다.

안철수는 '리더는 자신이 져야 할 책임을 결코 회피해서는 안 된다'
고 했다. 그게 리더가 해야 할 제일 덕목이라는 것이다. 그는 "신뢰를 얻

기 위해서는 상대방을 자신의 이익에 이용하지 않겠다는 진실한 마음가짐이 선행돼야 한다"면서 "또한 스스로 일관성 있게 원칙을 지키고 성실하게 상대방과의 약속을 지키는 모습을 솔선수범으로 보여주는 것이 필요하다"고 주장한다.

작은 이익에 연연하다 깨진 유리창을 부른다

최근 기상이변으로 세계 이곳저곳에 수재가 잦다. 기습적인 폭우나 태풍으로 급격하게 불어난 물에 자동차가 잠기기도 한다. 이때 눈앞의 작은 이익을 탐하다 기업의 신뢰와 명예를 잃은 사례가 있다. 1987년 10월 25일, 타이완의 수도 타이페이 지역에 태풍과 홍수로 제방이 붕괴되어 신차들이 침수 피해를 입었다. 한 오토바이 회사의 판매대리점은 이때 침수 피해를 입은 오토바이를 고객에게 팔지 않고 회사용으로 쓰겠다고 했다. 그런데 실제로는 이 오토바이를 몰래 정상적인 오토바이와 함께 판매했다. 이는 오토바이를 산 고객이 의문을 제기해 탄로났다. 조사 결과 침수 피해를 입은 오토바이였던 것이다. 줄곧 양호한 신용과 명예를 유지해 오던 오토바이 회사는 한 곳의 판매대리점 때문에 신용과 명예에 심각한 손상을 입었다.

다른 자동차 판매회사에도 침수 피해를 입은 자동차가 300대 있었다. 이 회사는 정상 가격의 85% 가격으로 판매하겠다고 공시했는데, 이것이 오히려 인기 상품이 돼버렸다. 오토바이 회사는 눈앞의 작은 이익을 탐하다 기업의 신뢰와 명예가 실추된 반면 자동차 회사는 상도덕의 기본인 정직함으로 승부해 위기 때 오히려 신뢰를 얻을 수 있었던 것이다.

사람도 흔히 어려울 때 본모습이 드러난다고 한다. 어려울 때 위기를 회피하려는 사람이 있는가 하면 적극적으로 위기를 헤쳐나가며 극복하려는 사람도 있다. 이때 중요한 것이 그 사람의 '삶의 철학'이다. 회사의 경우 회사의 철학 즉, 핵심 가치다. 철학이 있느냐, 그 철학이 무엇이냐에 따라 위기를 극복하는 모습도 달라진다. 개인에게는 좌우명이 있어야 하고, 기업에는 핵심 가치가 있어야 한다는 말이다.

안철수는 서울시장 후보 사퇴로 절대적인 지지도를 얻었다. 그 이후 자신의 부인에도 불구하고 대통령 유력 후보로 거론되고 있다. '미래 권력'으로 회자되는 박근혜 전 한나라당 대표와 비슷한 지지를 얻고 있다. 안철수가 서울시장직에 관심을 보인다는 사실이 알려진 다음 그에 대한 인기는 폭발했다. 그는 경북대에서 열린 청춘콘서트에서 자신이 야권 단일후보로 나설 경우 박 전 대표와 가상 대결을 한 여론조사에 대해 "혼자 열심히 공부하고 있는데 뒤에서 웅성거리는 소리가 들려 돌아보니 많은 사람이 쳐다보고 있는 것 같은 느낌이다. 당혹스럽다"며 "시간이 지나면 떨어지겠지요"라고 했다. 그리고 대선 출마에 대해 "생각해

본 적 없다"고 했다(중앙일보), 2011.9.10. 즉, 안철수는 시간이 지나면 지지도가 낮아질 것이라며 현재의 지지율이 부풀려진 인기라고 말하고 있는 것이다. 여기서도 늘 '착한 성공'을 추구해 온 그의 진정성을 그대로 느낄 수 있다. 물론 안철수가 2012년에 대선후보로 출마할 수도 있을 테지만 현재 그의 태도와 처신만은 있는 그대로 봐야 하지 않을까?

박원순 변호사에게 한 '착한 양보'로 촉발된 안철수 신드롬은 여러 모로 한국 정치와 정당에 거대한 충격을 던져 준 것임은 자명하다. 안철수 신드롬은 민심을 읽지 못하고 경직된 정당 중심의 한국 정치사에 일대 각성을 불러오는 정치적 쇼크로 기록될 것이다.

평등하고 공정하게 원칙을 적용하라

날이 저물어 갈 길이 멀면 누군들 마음이 급하지 않겠는가. 그렇건만 평소 자기 삶의 원칙을 이토록 지키다니!

이는 연암 박지원을 두고 다른 관리들이 한 말이다. 연암은 당대의 베스트셀러 작가이자 실학파의 거두였지만 지독한 가난을 면하지 못했다. 35세 때부터 과거 시험도 포기하고 실학 연구에 매진했다. 부인과 자녀들이 하도 굶주리자 결국 그는 50세에 선공감 감역이라는 종9품의

미관말직을 수락하고야 말았는데 부인은 얼마 후 세상을 떠났다.

조선시대에는 당대의 학자라도 벼슬길에 나가려면 말단 벼슬부터 시작해야 했다. 지금이야 대학교수가 곧바로 장관이 되는 세상이지만 조선시대에는 이런 파격 인사는 찾아볼 수 없었다. 연암 박지원은 50세에 9급 공무원이 되었으니 '고속 승진'을 하고 싶었을 것이다. 한번은 7급에서 6급 승진을 눈앞에 두고 있었는데 날짜가 며칠 모자랐다. 이번에 승진하지 않으면 다시 1년을 기다려야 했다. 연암의 처지가 하도 딱했던지 상급자는 이를 눈치채고 날짜가 약간 모자라지만 관례상 융통성을 발휘할 수 있다며 승진시켜 주려고 했다. 이때 연암은 "내가 평소에 한번도 구차한 짓을 한 적이 없다"며 단호하게 거부한다. 결국 연암은 그로부터 1년 후인 54세에 종6품으로 승진하게 된다.

연암 박지원이 죽은 지 200여 년이 되었지만 오늘날까지 그의 정신은 생생하게 살아 있다. 다른 학자와 달리 그가 당대보다 후대에 더 높은 평가를 받는 것은 치열한 삶의 태도 때문일 것이다. 연암은 사람들이 눈앞의 편안함만 좇으면서 적당히 임시변통으로 땜질하는 태도를 늘 비판했다.

시공간을 뛰어넘어 안철수와 연암의 삶의 원칙은 이렇게 교차한다. 연암이 그랬듯 안철수는 원칙 중시를 자신의 생활뿐 아니라 기업 경영에도 그대로 적용했다. 그가 CEO로 있을 때는 친척이나 친구들로부터 인사 청탁을 일절 배제했다. 실무자가 객관적으로 소신을 가지고 판단하는 것이 모두를 위해서, 나아가 친구의 경쟁력을 위해서도 옳다고 생각했기 때문이다.

그렇다고 해서 안철수가 비정한 것은 결코 아니다. 리더는 엄격하지만 비정해서는 안 된다.

엄격함과 원칙 적용, 투명한 시스템의 운영은 안철수가 늘 강조하는 것인데 이는 우리 사회가 반드시 추구해야 할 덕목이라고 할 수 있다. 경쟁에는 결코 온정이 통할 수 없지만 경쟁을 통해 얻어지는 이익의 배분은 투명하게 이루어져야 하는 것이다.

안철수의 특기는 꼼꼼함이다. 꼼꼼함이 없었다면 그가 하는 일마다 성공 신화를 이룰 수 없었을 것이다. 이른바 안철수의 '멀티 성공' 이력은 엄격함과 경쟁 본능, 공정함, 꼼꼼한 스타일 등이 어우러진 합작품이라 하겠다. 이를 위해 경쟁에서 결코 뒤지지 않는 실력을 겸비하려고 노력하고 실력을 쌓고 최선을 다한다. 안철수의 말처럼 "최선이 언제나 진실이다." 하지만 이와 별개로 연암의 말처럼 안철수의 명성이 높아갈수록 그에 대한 비방도 거세질 것이다. 그 비방을 견뎌내고 더 신뢰받는 리더가 되느냐의 여부는 전적으로 그에게 달렸다.

함께 일하기

전문가일수록
혼자 다 하려고 하지 마라

안철수를 떠올릴 때 '팀워크' 하면 잘 어울리지 않는다고 생각할지도 모른다. 그의 성공만 놓고 평가한다면 '인간 안철수'에게 천재적인 이미지가 드리워져 있기 때문이다. 그러나 경영인으로서, 교수로서 안철수는 언제나 "일에서만큼은 팀워크를 아무리 강조해도 지나치지 않다"고 말한다. 그것이 서로가 발전하는 길이기 때문이다. 안철수는 전문가란 다른 사람과 함께 일을 잘하는 능력을 지닌 사람이라고 정의한다.

"끊임없는 학습으로 자기 한계를 넓혀라."

안철수가 팀워크 즉, 협업을 강조하는 것도 그가 학습에서 얻은 결론일 것이다. 그는 평소 "공학과 경영학을 접목하는 것이 내 역할이다"라고 말했다. 유학을 가 기술경영대학원에서 공부한 것도 이런 맥락 때문일 것이다. 그는 "어설프게 많은 일을 하는 것은 의미가 없다. 한 가지를 열심히 연구하다 보면 연관성이 있는 다른 분야로 관심사가 자연스럽게 옮겨가고 그 과정에서 전문성은 절로 쌓인다"고 〈프레시안〉2008.8.6과의 인터뷰를 통해 밝혔다.

흔히 책을 읽으며 하나의 주제에 대해 파고들다 보면 그 책에서 또 다른 중요한 책을 발견하고 이어서 또 중요한 관련 책을 발견하면서 읽는다. 이는 어쩌면 하나의 주제에 대해 다양하게 그 전문성을 연구하는 지름길이라고 할 수 있다. 한 가지를 연구하다 보면 절로 관련 분야나 인접 분야에도 정통하게 되는 것은 이 때문이다. 무엇을 할지 몰라 방황할 때도 그렇다. 이때 자신이 현재 하고 있는 일에 최선을 다하다 보면 절로 눈이 트이고 자신이 좋아하는 분야를 찾아 나갈 길을 만나게 되는 것이다.

함께 일을 즐기는 전문가가 진짜 인재다

프로이센 태생의 장군 카알 폰 클라우제비츠의 〈전쟁론〉에 제시된 전략적인 원칙을 마케팅에 적용해 분석한 알 리스와 잭 트라우트의 〈마케팅 전쟁〉은 마케팅 분야의 고전으로 통한다. 책을 펼치면 "마케팅은 전쟁이며 경쟁사는 적이고 소비자는 싸워서 점령해야 할 고지"라는 명언이 나온다.

특히 '우수한 인재에 대한 착각'이라는 글은 의미심장하다.

자기 부하 직원에게 그들이야말로 모든 난관을 극복하고 승리할 수 있는 우수한 인재라고 믿게 하기는 쉽다. 그들이 듣고 싶어 하는 말도 이런 것이다. 분명히 마케팅 전쟁에서는 양적인 것뿐만 아니라 질적인 면도 중요하다. 그러나 힘의 우위는 질적인 차이를 압도할 수 있는 이점을 가지고 있다. 최하위 팀 12명이 최상위 팀 11명과 싸운다면 최하위 팀이 이길 것이라는 점을 의심치 않는다.

예컨대 이는 스페인의 세계적인 명문 축구 팀인 레알 마드리드 선수 10명과 한국 프로팀 11명이 축구 경기를 할 경우 한국 팀이 이길 확률이 높다는 것과 일맥상통한다. 물론 정신력이 변수이긴 하지만 레알 마드리드 선수들이 자신의 재능을 누구보다 믿는 천재이고 한국 팀 선수들은 '노력하는 천재'에 해당한다면 한국 팀의 승산이 더 높을 것이다.

훌륭한 장군은 우수한 인재를 두었다는 전제하에 군사전략을 세우지 않는다. 우수한 인재를 갖추고 전투에서 이기려고 하는 따위의 계획은 세우지 말라. 그보다 우수한 전략으로 싸움에서 이길 생각을 하라. 알 리스·잭 트라우트, 〈마케팅 전쟁〉, 비즈니스북스, 2006.

〈마케팅 전쟁〉에서의 조언처럼 안철수는 앞으로는 전문가들이 함께 모여 일하면 훨씬 더 좋은 결과를 낼 것이라고 강조한다. 이때 전문가란 단순히 우수한 인재여서는 안 된다. 다른 팀과 우수한 전략을 짤 줄 알아야 한다. 즉, 협업을 잘하는 전문가라야 진짜 전문가라고 강조한다. 그는 이제 레오나르도 다빈치처럼 한 사람의 천재가 모든 일을 할 수 있는 시대는 지났다고 한다안철수 외, 〈생애 최고의 날은 아직 살지 않은 날들〉, 조화로운삶, 2007.

한때 축구 경기에서 독보적인 천재 플레이어 한 명에게 의존해 우승하던 시절이 있었다. 1958년 스웨덴 월드컵 당시 17세였던 브라질 팀의 펠레는 준결승전에서 프랑스를 상대로 해트트릭을 기록했으며, 특히 개최국인 스웨덴과의 결승전에서 2골을 넣어 브라질 축구 사상 첫 우승을 선물했다.

그러나 축구도 천재적인 스타플레이어에 의존하는 시대는 지났다. 축구 환경이나 기술 수준이 팀마다 평준화되다시피 하고 있는 추세이기 때문이다. 그래서 천재적인 스타플레이어만으로 구성된 팀은 물리적으로는 강팀일지 몰라도 화학적으로는 최고의 강팀으로 군림하지 못하는 경우가 있다.

레알 마드리드는 스페인 최고 명문을 넘어 유럽 최고 명문으로 통하는 축구팀이다. 최다 프리메라 리가 우승31회과 최다 유럽 챔피언스 리그 우승9회, 최다 수페르코파 우승8회, 최다 인터콘티넨탈 컵현 클럽 월드컵 우승3회을 동시에 보유하고 있다. 그러나 2002년 유럽 챔피언스 리그 우승을 끝으로 무려 7년이나 챔피언스 리그 16강에서 탈락하면서 세계 최고의 명문 클럽이라는 자존심에 상처를 입었다. 레알 마드리드는 2009년 성적 부진을 이유로 감독을 경질하기도 했다.

스포츠에서는 프로 선수들이 받는 연봉이 그 선수의 능력에 해당하므로 연봉이 높을수록 우수한 선수라고 할 수 있다. 그러나 스타 선수들로 한 팀을 구성해 놓는다고 반드시 최강의 팀이 되는 것은 아니다. 스포츠에서는 선수 개개인이 얼마나 팀워크를 발휘하느냐에 승패가 갈리는 경우가 많기 때문이다.

지금은 전문가들끼리도 일을 나눠야 하고, 다른 분야의 사람들과도 함께 일해야 하는 시대다. 이러한 상황에서 전문 지식만큼 중요한 것이 다른 사람과의 원활한 협업 능력이다. 심지어는 지식과 경험이 조금 부족하더라도 다른 사람들과 같이 일할 때 더 잘할 수 있는 사람이 결국 더 좋은 실적을 내고 인정받는 경우도 있다. 따라서 팀워크 능력은 현대사회에서 전문 지식만큼이나 중요한 개인 경쟁력이며, 전문가에게 필수적인 능력이라고 할 수 있다. 공부를 하거나 교육을 받을 때도 이러한 점을 염두에 두고 전문 지식은 물론 팀워크 능력에도 관심을 기울이는 것이 현대를 살아가는 조직원들이, 그리고 조직 내에서 일하는 전문가들이 갖춰야 할 자세다.

안철수는 미국 유학 중에 개인주의가 뿌리내린 미국에서도 일에서만큼은 팀워크를 매우 중요하게 여긴다는 사실을 알았다고 한다. 학교에서도 공동 작업을 해서 리포트를 제출하는 훈련을 많이 시켰다고 한다.

우리가 아이들에게 미식축구나 축구, 수영 등의 조직적인 스포츠를 가르칠 때 아이들이 경기의 룰만 배우기를 원하는 것은 아니다. 아이들이 배웠으면 하는 것은 훨씬 더 중요한 것들이다. 팀워크, 인내심, 스포츠맨십, 열심히 땀 흘리는 가치, 역경을 이겨내는 능력 등이 그것이다. 랜디 포시, 〈마지막 강의〉, 살림, 2008.

랜디 포시의 〈마지막 강의〉에도 이런 내용이 나온다. 포시는 자신의 세 아이에게 팀워크를 알게 하는 것을 중요하게 여겼고 학생들에게 강의를 할 때도 항상 이를 강조했다. 그는 "그룹 안에서 맡은 일을 잘하는 것은 직장에서든 가정에서든 매우 중요한 기술이다"라고 말하면서 시간이 갈수록 학생들에게 그룹의 일원으로 사는 법을 제대로 가르쳐야겠다는 생각이 매우 강렬해졌다고 말한다. 그래서 이 기술을 가르치기 위해 학생 그룹을 나누어 과제를 수행하도록 했다며 자신의 강의 스타일을 소개하기도 했다.

포시는 여러 사람과 함께 일을 시작해야 하는 경우 옆에 앉는 연습부터 하라고 조언한다. 그러나 학생들은 그룹별로 과제물을 수행하고 강의를 들을 때도 그룹별로 앉으라는 포시의 말을 듣지 않았다. 그럴 때 포시는 60초 동안 자리를 비울 테니 그 사이에 그룹별로 앉아 있길 기대한다고 말하며 강의실 밖으로 나갔다 들어온다. 함께 과제를 수행하기 위해서는 먼저 같이 앉아 의견을 교환하는 것부터 시작해야 하기 때문이다.

포시는 '그룹 안에서 성공적으로 임무를 완수하는 팁'을 학생들에게 프린트해 나눠 주었다. 여기에는 팀워크를 잘 유지하기 위한 기본적인 노하우가 들어 있어 참고할 만하다.

- 정중하게 사람을 대하라. 모든 일의 시작은 자기소개부터다. 연락처를 주고받아라. 사람들의 이름을 정확히 발음하라.
- 공통점을 찾아라. 그러면 당신이 꺼내 놓아야 하는 다른 의견을 말하기가 훨씬 수월해진다.

- 최적의 만남 조건을 만들어라. 혹시 배가 고프거나 춥거나 피곤한 사람이 있는지 확인하라. 가능한 한 식사 시간에 만나라. 음식은 회의 분위기를 부드럽게 한다.
- 모두가 이야기하게 해라. 남의 말을 자르지 마라. 그리고 큰소리로 말하거나 빠르게 말한다고 당신의 아이디어가 더 나아지는 것은 아니다.
- 문 앞에서 나를 버려라. 아이디어를 나눌 때 의견 하나하나에 제목을 붙이면서 받아 적어라. 제목은 아이디어를 설명하는 것이어야 하며 발표자를 기록하는 것이 아니다.
- 서로를 칭찬해라. 약간은 무리를 해서라도 좋은 말을 해주어라. 아무리 나쁜 아이디어라 해도 자세히 들여다보면 좋은 점이 있을 것이다.
- 대안을 내놓으려면 질문 형식으로 해라. "나는 B가 아닌 A로 가야 한다고 생각해"가 아니라 "만약 우리가 B가 아니고 A를 한다면 어떨까?"로 제안하라. 그래야 자신의 선택만 고집하지 않으면서 자유롭게 토론하도록 할 수 있다.

개인뿐만 아니라 회사에서도 팀워크를 중시하는 협업 문화를 지니고 있어야 한다. 개인의 능력을 중시하는 문화는 위험 관리에 취약할 수밖에 없다. 능력 있는 개인이 회사를 떠나기라도 하면 그 순간부터 회사는 위기에 처할 위험이 있기 때문이다. 회사는 개인이 아닌 시스템에 의존해야 하고, 더욱이 팀워크에 의해 유지된다면 가장 바람직하다고 할 수 있다.

리더에게는 도덕성이 능력보다 중요하다

안철수는 "엘리트가 많다고 사회가 성공하는 것은 아니다"라고 강조한다. 이 말에는 여러 의미가 내포돼 있다. 단순히 엘리트 무용론을 말하려는 것이 아니다. 지식을 많이 알고 있다는 엘리트들은 자칫 자신만이 최고라는 아집에 빠진 채 다른 사람과 함께 일하기 쉽다. 이는 함께 일을 진행할 때 반드시 필요한 협업 정신 즉, 팀워크를 해칠 수 있다. 이 경우 이른바 엘리트주의에 빠져 의사 결정을 할 때 독단주의로 흐를 수도 있다. 또한 반사회적인 행위도 자기 이익을 위해 서슴지 않을지도 모른다.

그래서 특히 엘리트는 능력뿐만 아니라 도덕성도 겸비해야 사회적으로 대접받을 수 있다고 안철수는 강조한다. 이때 도덕성이란 이른바 자리이타自利利他 정신이다. 나의 발전뿐 아니라 다른 사람도 발전하도록 이끄는 것이다.

"와튼스쿨에서 MBA 과정을 공부할 때 한 법대 교수는 좋은 성적으로 모든 과목에서 A+를 받은 학생들이 10년 뒤에 보니 감옥에 가 있는 경우가 많았다고 한다. 똑똑한 엘리트들이 많다고 사회가 좋아지는 것은 아니다. 사회에 해악을 끼치는 중심에 엘리트층이 있다."

안철수는 인성이 결여된 똑똑한 인재보다 도덕성을 갖춘 인재가 사회를 밝게 한다고 강조한다. 똑똑한 인재가 넘쳐나도 우리 사회가 이렇게 혼란스러운 현실에 대한 안철수의 염려일 것이다. 사명감 없이 그저 개인의 이익만 추구한다면 제아무리 똑똑한 인재라 할지라도 사회에 큰 도움이 되지 않는다는 것이 그의 생각이다.

저는 영재교육이나 수월 학습을 안 믿어요. 조기 졸업해서 사회적으로 성공한 사람이 누가 있던가요? 없어요. 사회에서는 '얼마나 많이 아느냐'는 일부일 뿐인데 그런 사람들은 보다 중요한 대사회, 대인 관계에 소홀하거든요. 지금같이 엘리트 스포츠 선수처럼 뽑아서 도덕적인 리더와 엘리트 리더가 나올 수 있겠어요? 미국 금융 위기의 핵심은 모두 와튼, 하버드, 스탠퍼드 MBA 출신들이었어요. 과연 이런 엘리트들이 사회에서 보탬이 될 것인가 생각해 보면 차라리 없는 것이 낫죠. 교육은 기능과 속도 위주로 가면 실패하죠. 〈중앙일보〉, 2009.2.20.

안철수는 "한국은 영재교육에 관심이 많아 보이지만 실제로는 학교 과정을 빨리 이수하고 더 유명한 학교에 들어갈 수 있도록 교육할 뿐"이라면서 "그러다 보니 창의성과 도전 정신이 떨어지는 것"이라고 꼬집는다. 이러한 교육 풍토는 아이들에게 혁신적인 벤처기업을 이끌 수 있는 '기업가 정신'을 심어주지 못하는 것으로 이어진다. 그는 "주입식 기능 위주의 교육에 길들여진 사람은 벤처기업도 이끌 수 없다. 오히려 자기 적성을 찾도록 도와주고 그 분야에서 전문성을 쌓게 하는 방향으로 교육이 이루어져야 한다"고 주문한다.

이는 1970년대 한국 사회를 뒤흔들었던 수학 천재 김웅용 박사**충북개발공사 팀장**의 지적과도 일치한다. 김 박사는 "우리나라의 영재교육은 한마디로 '선행 학습'에 지나지 않는다"고 잘라 말했다. 초등 3학년이 중학교 3학년 수학을 풀거나, 중학생이 고등학교 3학년 수학을 풀면 영재로 대우해 준다는 것이다. 그는 "고등학교 과정까지 배우는 수학은 평범한 학생도 집중해서 한 달 정도 공부하면 누구든지 풀 수 있다"고 강조한다. 물론 어려운 문제는 풀기 쉽지 않지만 집중하면 대부분 못할 것이 없다는 말이다. 그런데도 중학생이 고등학교 수학을 풀면 영재로 대우받아 특목고에 진학하는 실정이다. 이는 영재 만들기가 아니라 '과학고 입학생 만들기'일 뿐이다.

김웅용은 우리나라 영재교육의 폐해를 톡톡히 경험한 주인공이기도 하다. 그는 아이큐 210으로 1980년판 기네스북에 세계 최고 지능지수 보유자로 올랐다. 6세에 일본 후지 TV에 출연해 미적분을 풀어냈다. 4~7세까지 한양대에서 물리학을 공부했고, 8세가 된 1970년에는 미국 항공우주국NASA의 초청으로 유학을 떠나 대학원에 다녔다. 1974년부터 5년 동안 나사 선임 연구원으로도 일한 바 있다.

안철수는 우리 사회의 리더십이 엘리트에서 나오고 있지만 엘리트가 갖춰야 할 가장 중요한 자질은 바로 도덕성이라고 강조한다. 도덕성이 없는 리더십은 이기적인 성공에 집착해 결국은 사회를 혼란스럽게 한다는 것이다. 다른 사람을 생각하지 않고 오로지 자기 이익과 승진, 성공과 출세에 집착한다면 사회는 약육강식의 정글이 될 수밖에 없다.

우리나라는 지금 가장 위험한 흑백논리가 지배하고 있어요. 좌파, 우파는 머리 나쁜 사람들의 사고죠. 세상을 그렇게 단순하게 이해하려는 것이니까요. 지금 시대는 탈권위주의로 나가고 있어요. 정치, 사회, 문화, 기술까지 모두 그렇죠. 기술도 시대의 흐름을 반영하는 기술만 살아남고 선택되고 강해지죠. 20세기에는 정보를 독점하고 가공하고 전달하는 기득권의 시대였다면 지금은 대중의 시대고요. 〈중앙일보〉, 2009.2.20.

안철수는 엘리트주의에 대해 가혹하게 비판한다. 그는 "가끔 '선민의식'을 가진 사람들을 만나곤 한다. 그런 사람들이 사회를 어렵게 만든다. 머리 좋은 사람들이 흑백논리를 가지면 훨씬 위험해진다"고 주장한다.

남의 약점을 이용하지 말라. 비굴하지 않은 사람이 되어라. 약자를 깔보지 말라. 항상 상대방을 배려하라. 잘난 체하지 말라. 다만 공적인 일에는 용기 있게 대처하라.

이것은 세계 최고의 명문 사학인 영국 이튼스쿨의 교훈校訓이다.

이튼스쿨을 비롯한 영국의 사립학교는 엘리트를 배출하는 데 목적을 두되 이기적인 엘리트주의는 엄격하게 배척한다. 학생이 올바르게 행동할 수 있도록 독려하고 항상 자긍심을 키워주는 교육을 하되, 다른 사람을 배려하지 않는 엘리트주의에 빠지지 않도록 인성 교육을 철저하게 한다. 즉, '엘리트'와 '엘리트주의'는 다르다. 최고의 엘리트를 육성

하되 우월감에 빠지지 않도록 철저하게 경계하는 교육을 하는 것이다. 그래서 이튼스쿨을 비롯한 명문 학교일수록 엄격한 교칙을 적용한다.

서로 최고가 될 수 있도록 격려하라

필자는 미국 보스턴 인근에 있는 필립스 아카데미를 취재차 방문한 적이 있다. 그때 어느 한국인 조기 유학생의 이야기가 가슴을 파고들었다. 흔히 미국 최고의 엘리트들이어서 이기적일 것이라고 생각하기 십상인데 그게 아니라는 것이다. 서로 최고가 될 수 있도록 격려해 주고 마음을 열고 공부하는 모습에서 신선한 충격을 받았다고 했다.

그 여학생은 한국에서 경기도 소재 외국어고등학교에 다니다가 친구들의 이기주의에 마음의 상처를 크게 입고 서둘러 미국으로 유학길에 올랐다고 한다. 한국에서는 친구끼리 공부를 해도 서로 마음의 문을 열지 않았다. 친구가 자신보다 더 잘할까 봐 늘 경계하거나 공부하는 것도 숨기려 들었다. 최고가 되도록 서로 이끌어주는 분위기가 아니라 나만 최고가 되면 그만이라는 분위기여서 질식할 것 같았다고 한다. 그 여학생은 "한국 학생들이 학창 시절부터 몸에 밴 이기주의를 버리지 않으면 세계적인 인재들과 결코 호흡할 수 없고 결국 왕따를 당할 수밖에 없을 것"이라고 씁쓸해 했다.

우리나라는 사교육이 공교육을 삼킬 듯하고 학부모들의 자녀 이기주의도 어느 나라보다 심한 편이다. 인성 교육이 부재한 환경에서는 이기적인 엘리트가 양산될 수밖에 없다.

요즘 사회에서는 상생win-win하지 않으면 좋은 인간관계를 맺기가 쉽지 않다. 기업체들도 서로 도움이 되어야 관계를 유지한다. 나 혼자 이익을 독점하려고 하거나 혼자만 성적을 받으려 한다면 외면받기 십상이다. 나도 잘되고 다른 사람도 잘되도록 서로 응원하면서 최고가 되기 위해 노력할 때 목표를 달성하기가 쉽다. 인적 네트워크나 인간관계가 중요하다는 이야기는 여기서 나온 말이다.

전경련이 기업을 대상으로 조사한 '핵심 인재의 조건'에 대한 사례를 보자. '도전 정신과 성취 의식, 도덕성과 올바른 가치관, 협동성과 조직 적응력, 창의성, 책임감, 외국어와 국제 감각.' 이 중에서 최근 기업에서 가장 선호하는 인재의 조건은 무엇일까? 대부분 외국어와 국제 감각을 으뜸으로 생각하겠지만 이는 여섯 가지 조건 가운데 꼴찌로 나타났다. 조사 결과 기업에서 가장 바라는 인재의 조건은 도전 정신과 성취 의식이 1위, 도덕성과 올바른 가치관이 2위, 그 뒤를 이어 협동성과 조직 적응력, 창의성, 책임감 순이었다. 이는 개인의 도덕성과 협동성 등 인간관계 능력이 핵심 인재의 조건으로 더 중요시된다는 말이다.

부모의 자식 사랑이 지나쳐 아이를 망치는 경우가 있는데 이를 '스포일 키즈spoil kids'라고 한다. 버릇없이 큰 아이는 남을 배려할 줄 모르고 이기적인 인간이 되고 만다. 한국 학부모 가운데도 스포일 키즈로 가슴 앓이를 하는 경우가 적지 않다.

자녀 교육에서 중요한 것은 투자 액수에 못지않게 원칙과 철학을 가지는 것이다. 부모가 솔선수범하고 본보기를 보이는 것이 중요하다. 안철수는 "아이들은 친구보다 부모의 영향을 더 많이 받는다"면서 부모의 역할은 솔선수범하고 본보기를 보여주는 것이 가장 중요하다고 말한다.

엘리트 코스를 밟은 유능한 인재라 할지라도 반사회적인 인격 장애자로 성장할 수 있다. 극단적인 예로 영화 〈공공의 적〉은 자녀 교육에 대한 투자가 원칙 없이 이루어질 경우 가정뿐만 아니라 사회에 어떤 재앙을 초래하는지 교훈적으로 보여준다. 영화에서 극중 인물인 조규환은 펀드매니저로 직장에서 능력을 인정받는 엘리트지만 부모가 복지시설에 재산을 기부하려 하자 부모를 살해한다. 유능하고 성공한 엘리트지만 돈을 위해 살인을 하는 '야누스적 인간'이 된 것이다. 아들의 손에 죽임을 당한 부모는 어쩌면 사랑이라는 이름으로 자녀를 키웠지만 삶의 지침이 되는 원칙과 철학 없이 '엘리트 만들기'에만 급급했는지도 모른다. 리더에게는 능력보다 도덕성이 더 우선시 돼야 한다는 안철수의 말은 그만큼 우리 사회에서 도덕성 있는 리더가 부족하다는 반증이기도 하다. 그래서 그의 '착한 양보'는 능력과 결과만능주의에 빠진 우리 사회에 울리는 경종이기도 하다.

13

실행 능력

작은 일이라도
실제 행동으로 옮겨라

실행 능력은 하나의 습관이다.
우리 모두가 구구단을 외우는 것처럼 실행 능력을 몸에 익혀야 한다.

— 피터 드러커

"꿈들을 죽일 때 나타나는 첫번째 징후는 시간이 부족하다고 말하는 것이다."
파울로 코엘료의 〈순례자〉에 나오는 말이다.
대부분의 사람들은 이렇게 말한다.
나는 사는 데 너무 지쳤어. 꿈을 다시 꾸기에도 너무 늦었어."
그렇다면 마흔일곱 안철수가 걸어온 길을 한번 생각해 보자.
필자가 이 책을 쓰면서 줄곧 생각한 것은 '나는 과연 안철수의 무엇을 배울 수 있을까?' 하는 문제였다. 언뜻 보면 그는 필자와 비슷한 점도 있지만 그렇지 않은 점도 많다. 책을 읽고 연구하고 글쓰기를 좋아하는 점에서는 비슷했다. 그러나 그처럼 글을 쓸 때도 사회에 기여할 수 있는 것이 무엇일까를 먼저 생각하는 데까지는 아직 이르지 못한 듯하다. 다른 점이 어디 그뿐이랴.
"선택의 순간에는 돈과 명예, 평판을 고려하지 않는다"는 그의 말에서는 전율마저 느껴진다. 나는 과연 그런 순수한 선택을 할 수 있을까? 냉정하게 되돌아보면 언제나 돈을 염두에 둔 것 같다. 다른 점은 그뿐만이 아니다.

"다른 사람과 차이가 나는 무엇을 만들고 싶다"는 말이나 "세상에 흔적을 남기고 싶다"는 말은 어찌 보면 흔한 이야기처럼 들릴지 모르지만 안철수의 입에서 나온 말이라 특별하게 느껴진다. 거짓말이 아니기 때문이다.

시골의사 박경철은 〈중앙일보〉2009.2.20 와의 인터뷰에서 안철수에 대해 "정돈되고 정갈하고 투명한 사람"이라고 평가한 바 있다.

순수는 마음을 움직이는 최고의 실행 에너지다

안철수 신드롬이 불면서 '순수인'이 회자되기도 했다. 박원순, 안철수, 문재인 세 사람의 마지막 이름자를 따서 붙인 신조어다. 이들의 공통점이 바로 '순수'라는 이미지라며 순수인으로 부를 수 있다는 것이다.

박원순 희망제작소 상임이사와 안철수 서울대 융합과학기술대학원장, 그리고 문재인 노무현재단 이사장을 묶어서 '순수인'으로 부르자는 의견도 빠르게 전파되고 있다. 〈뉴시스〉, 2011.9.13.

이런 조어가 등장한다는 것만으로도 우리 사회가 얼마나 순수주의자를 갈망하고 있는지 알게 한다. 요즘은 '순수'나 '순진'이라는 말은 세상물정 모르는 이를 비아냥거릴 때 흔히 사용한다.

순수라는 말을 꺼내기가 민망해진 사회다.

물질적 성공이 지상 과제처럼 되어버린 세상에서 순수의 의미는 점점 퇴색되어 간다. 다들 성공하기 위해서 순수는 벗어버려야 할 거푸집으로 생각하는 듯하다. 권력자와 재력가, 공직자들도 대부분 순수를 잃어버렸다. 고위 공직 후보자들의 이기심과 탐욕에 절망한 지도 오래다. 이젠 식상하기조차 하다. 이기적인 성공이 판치는 사회에서 착한 성공, 이타적 성공을 이야기하는 것 자체가 세상 물정을 모르는 순진한 소리라고 치부된다. 나 혼자도 살아가기 힘든 세상에서 어떻게 남을 배려하고 도우며 살아가느냐고 힐난하기도 한다. 사회에서 순수를 지니고 살아가는 사람은 그리 많지 않다.

그러나 삶의 의미를 앞서 깨달았던 모든 선각자들은 한결같이 말한다. 나누고 배려하며 더불어 사는 길, 개인적인 탐욕을 버리고 공존의 길을 모색하는 것이야말로 진정 가치 있는 삶이 될 거라고.

티베트의 라마승 이야기를 다룬 영화 〈삼사라〉에서 주인공은 스승에게 이렇게 되묻는다. "다섯 살 때부터 중이 된 나에게 또 무엇을 버리라고 하십니까. 뭘 가져보지도 못했는데 무엇을 버리라는 것입니까."

재물이든 결혼이든 가져보거나 경험해 본 후에야 그에 대한 미련을 접을 수 있지 않겠냐는 뜻이다. 하지만 모든 것을 가져보고 경험하고 난 때는 이미 늦은 것일지도 모른다.

물론 시행착오도 겪기 전에 모든 욕망을 내려놓는다면 인간미는 덜

할 것이다. 홍콩 영화배우 성룡은 갖가지 시행착오를 겪은 뒤에 '착한 성공'의 길로 들어섰다. 2008년 말 그가 배우 활동을 하면서 모은 4천 억 원에 달하는 전 재산을 사회에 기부하겠다고 발표한 것이다. 성룡은 "창고에 귀중품을 채울수록 오히려 큰 짐으로 다가왔다"고 말했다. 아무리 비싼 명품도 결코 마음을 채울 수 없다고 고백한 것이다.

고급 승용차를 타는 사람은 신형 모델이 나올 때마다 새 차를 구입해야 한다. 구형 승용차라도 타고 다니기에 불편함은 없지만 새로운 상품은 늘 욕구를 낳는다. 품질에 문제가 없어도 단지 새롭기 때문에 바꾸고 싶다는 욕심이 생긴다. 물론 신차를 구매한다고 해서 욕구가 완전히 해소되는 것도 아니다. 핸드폰도 그렇다. 새로운 모델이 출시되면 자기 핸드폰이 그만 싫증나고 만다. 품질은 멀쩡하지만 교체하지 않으면 안달이 날 정도다. 그러나 막상 그 물건을 손에 넣는 순간 다시 새로운 것을 가지고 싶어진다. 만족할 줄 모르고 다시 무엇을 욕망하게 된다. 영원히 채워지지 않는 이 욕망의 결핍을 슬라보예 지젝은 "잉여 쾌락"이라고 정의했다.

물론 고급 승용차를 소유하는 것도 나쁠 게 없지만 그보다 가치 있는 일을 추구한다면 더 보람된 삶을 살 수 있을 것이다. 그렇지만 누구나 그 욕망의 덧없음을 느낄 때까지 악착같이 돈을 모으려고만 한다.

셰익스피어의 〈오셀로〉에는 이런 대사가 나온다.

가난하더라도 만족하며 사는 사람은 부자, 그것도 대단한 부자다. 하지만 부자라도 언제 가난해질지 모른다고 겁내며 사는 사람은 헐벗은 겨울 같은 법이다.

모든 일은 실행할 때 비로소 의미가 있다

자신의 꿈과 목표를 이루기 위해 가장 중요한 것은 바로 실행력 즉, 자기 생각을 실제로 행동으로 옮기는 능력이다. 다른 사람들이 가지 않은 길이라도 그 길이 나 자신뿐 아니라 다른 사람들을 도우면서 더불어 살 수 있는 바람직한 길이라면 남보다 앞서 그 길을 선택하고 앞장서서 실천해야 한다. 문제는 생각이 아니라 실행력에 달려 있다.

안철수는 "백번 고민하는 것보다 작은 한 가지 일이라도 실제로 행동으로 옮기는 것이 훨씬 더 값지다는 마음가짐을 가져야 한다"고 강조한다. 그는 누구보다 앞서 실행력의 본보기를 보여준 사람이다. 의학박사에서 돌연 컴퓨터 백신개발자로, 벤처기업 CEO로, 다시 경영학자로 '멀티 성공'을 이룰 수 있었던 원동력은 남다른 실행력이 뒷받침됐기에 가능했다. 다른 사람보다 앞서 직접 부딪치며 고뇌하고 결국 성취한 안철수의 실행력이야말로 우리가 배워야 할 가장 값진 덕목일 것이다.

안철수는 래리 보시디의 〈실행에 집중하라〉라는 책을 인용할 정도로 실행력을 중시한다.

아인슈타인만 한 천재는 많다. 그러나 이론을 정립하기 위해 그처럼 10년의
연구와 실험을 견뎌낼 사람은 흔치 않다. 이것이 실행이다.

중요한 것은 말이 아니라 실행이다. 실행이 사람을 바꾼다. '실행력'
은 안철수가 자주 강조하는 말이기도 하다. 아무리 많은 생각을 하고
뛰어난 아이디어를 지녔어도 실행에 옮기지 않는다면 현실적인 가치를
창출해 낼 수 없는 것은 당연한 일이다.

알베르트 아인슈타인이 상대성이론을 증명해 내기까지는 무려 10년
이 넘는 세월이 걸렸다. 그가 세계적인 천재 물리학자이기에 별 어려
움 없이 그 일을 해냈을 것이라고 생각하기 쉽지만 결코 그렇지 않았
다. 당시 그는 직장도 변변치 못해 생활고에 시달려야 했다. 그런 그가
장벽을 뛰어넘은 것은 다름 아닌 실행력 덕분이었다. 누구보다 호기심
이 강했던 그는 끈기와 인내심으로 연구를 거듭해 마침내 상대성이론
을 세상에 내놓은 것이다.

래리 보시디는 GE에 30년 근무한 이력을 바탕으로 잭 웰치의 경영
철학을 토대로 책을 썼다. 보시디는 "실행이란 단발적인 실천을 의미하
는 것이 아니라 지속적으로 성과를 내게 하는 기업의 문화이자 체계다"
라고 규정한다. 자기 목표를 지속적으로 추구하면서 성과를 내야만 실
행이 개인을 지배하는 하나의 문화이자 체계가 된다. 그런 점에서 안철

수가 새로운 목표를 세우고 도전하면서 지속적인 성과를 낼 수 있었던 것은 실행을 자기 문화이자 체계로 삼았기에 가능했다고 할 수 있다.

눈앞의 손해에 연연하지 말고 멀리 보라

미국의 듀폰E. l. du Pont de Nemours and Company 은 화학 부문에서 세계적인 기업으로 꼽힌다. 1802년 설립된 듀폰은 미국 화학공업과 군수공업 분야 일인자로 화학 제조를 시작으로 금융, 교통, 항공 등 산업 전 분야에 손을 뻗치고 있다. 듀폰은 제2차 세계대전 때 '맨해튼프로젝트'에 주도적으로 참여한 이후부터 비약적인 발전을 이루었다. 듀폰은 이 프로젝트에 참여하면서 '푼돈은 과감히 포기하자'는 전략으로 회사의 장기적인 이익을 도모했다. 이를 주도한 인물이 듀폰가의 4대 경영인인 피에르 듀폰이다.

1944년, 앨러모 연구소에서는 오펜하이머 박사의 지휘 아래 기폭장치가 장착된 원자폭탄이 극비리에 제작되고 있었다. 피에르 듀폰은 레슬리 그로브스 장군과 맨해튼프로젝트에 협조하겠다는 비밀 계약을 맺었다. '첫째, 듀폰은 원자폭탄 생산을 위한 공장의 설계, 건설, 안전 운행을 일괄 책임진다. 듀폰은 이윤을 1달러로 한정한다. 둘째, 모든 계획에서 듀폰이 개발해 낸 신기술은 일괄적으로 육군 소유로 한다.' 듀폰은 6

만 명의 직원을 동부에서 서부로 이주시키는 등 손해를 감수하며 프로젝트에 착수했다. 거대 프로젝트는 계획대로 성공했고 미국은 1945년 8월 6일 우라늄 원자폭탄을 일본 히로시마에 투하했다. 듀폰이 얻은 이윤은 계약대로 단 1달러뿐이었다 정판교, 〈바보철학에서 배우는 거상의 도〉, 파라북스, 2005

여기서 가장 주목을 끄는 것은 맨해튼프로젝트의 수익금을 1달러만 받겠다고 계약한 점이다. 듀폰이 단돈 1달러로 원자폭탄 제조 계약에 선뜻 동의한 이유는 원자폭탄 관련 정보와 기술이 훗날 천문학적인 부와 기회를 가져다줄 것을 예견했기 때문이다. 실제로 듀폰은 이 '어리숙한' 거래 덕분에 계속적으로 규모를 확장할 수 있었고 오늘의 듀폰을 만들게 되었다. 한때 연봉으로 100원을 받은 남이섬 강우현 대표는 한국판 피에르 듀폰이라고 할 수 있겠다.

흔히 '작은 손실을 큰 이익과 맞바꿔라'는 말이 있다. 보다 큰 이익을 위해 작은 실수를 감수하는 것은 이른바 '바보 전략'의 중요한 내공 가운데 하나라는 것이다. 일명 '손해보는 싸움'인 셈이지만 장기적으로 보면 그렇지 않다. 결코 손해보지 않을뿐더러 반드시 이기고 큰 이익을 보는 싸움이 된다.

청나라의 관리인 정판교가 지은 〈난득호도경 難得胡塗經〉이라는 책이 있다. 난득호도란, 어리숙한 척하기 어렵다는 뜻으로 이른바 '바보경'이라는 성공의 처세술이다. 지혜로우나 어수룩한 척하고, 기교가 뛰어나나 서툰 척하고, 언변이 뛰어나나 어눌한 척하고, 강하나 부드러운 척하고,

236

곧으나 휘어진 척하고, 전진하나 후퇴하는 척하는 게 지혜로운 처신이자 장기적으로 이기는 지혜라는 것이다. '먼저 손해보는 것이 복을 불러온다'는 의미의 '흘휴시복吃虧是福'을 강조한다.

정판교는 진짜 바보가 되지 말라고 조언한다. 바보인 척하며 자기의 색깔을 감추는 고도의 위장술로 상대방을 제압하는 전략이지 정말 바보가 되라는 말은 아니라는 것이다.

오늘날 기업 환경은 '너 죽고 나 살자' 식의 무모한 싸움이 전개되는 곳으로 흔히 정글에 비유된다. 때문에 현대판 비즈니스 전쟁에서 바보 철학은 경시되기 쉽다. 자칫 눈앞의 이익을 놓치지 않을까 하는 불안감 때문이다. 더욱이 당장 코앞의 문제를 해결하기도 바쁜데 먼 미래를 내다볼 여유를 가지기도 쉽지 않다. 그래서 다들 똑똑한 척, 센 척하며 결코 먼저 손해를 보려고 하지 않는다. 전진해야 할 때 전진하는 것은 일반적으로 사람들이 추구하는 바이다. 반면 멈춰야 할 때 멈추는 것을 진정으로 실천하는 사람은 드물다. 그게 인지상정이다. 하지만 사람들은 전진의 기능과 효과만을 신봉하며 수단을 가리지 않고 그것을 추구해 결국 화근만 불러온다.

홍콩의 대부호 리카싱은 자선사업 등으로 중화권에서 가장 존경받는 기업인으로 꼽힌다. 부와 권력을 지닌 그는 '멈춤을 안다'는 뜻의 '지지知止'라는 두 글자를 사무실에 걸어두고 있다.

근시안적인 돈벌이는 오래가지 못한다. '손해보는 것이 오히려 복'이라는 〈난득호도경〉의 정신이야말로 조급할수록 마음속에 화두로 되새겨볼 수 있는 경영 철학이라고 할 수 있다. '잃는 것이 얻는 것이다' 혹은 '얻고 싶다면 먼저 주어라.' 이것이야말로 세상에서 가장 오래된 성공의 법칙 아닐까?

안철수도 '착한 양보, 착한 성공'의 이력에서 무엇보다 손해보는 것을 먼저 실행한 것을 엿볼 수 있다. 우리 사회를 휩쓸고 있는 안철수 신드롬의 키는 어쩌면 바로 손해보는 것이 복을 부른다는 홀휴시복의 실행 때문일 것이다. 이는 또한 우리나라의 기업이나 정치 세계에서 무엇보다 요청되는 덕목이기도 하다.

소통
혹은 공감

말보다 진정성으로 승부하라

> 지금 나는 어쩐지 진짜 내가 아닌 것 같다.
> 이게 아니라는 생각이 들어.
> 내게는 지금과 다른 인생이 있지 않을까 하는 생각이……
> 내가 결정한 인생이라고 할까.
>
> — 다니구치 지로, 〈열네 살〉 중에서

랜디 포시는 자신의 저서 〈마지막 강의〉에서 이렇게 말했다.

"나는 언제나 멋들어진 사람보다 성실한 사람을 우선시한다. 멋은 짧고 성실함은 길다. 성실함은 너무나 과소평가되고 있다. 멋은 관심을 끌기 위해 겉으로만 노력하는 것이지만 성실함은 마음 밑바닥에서 온다. 겉멋에 찬 사람들은 모방하기를 좋아한다. 그러나 그들에게서 시대를 초월하는 패러디를 찾기는 어렵다. 나는 세대를 거쳐도 길이 남을 수 있는 일을 하는, 그래서 겉멋에 찬 사람들이 패러디하고 싶은 욕망을 느끼게 하는, 성실한 사람을 더 존경한다."

흔히 '폼생폼사'라는 말이 있다. 대부분 부정적인 표현으로 사용된다. 예컨대 항상 말이 많고 앞서는 사람, 무슨 일을 벌일 때 먼저 근사하게 갖추기를 좋아하는 사람, 허풍을 잘 떠는 사람, 남의 말을 가로채고 자기 말만 하려는 사람, 내일 당장 수억 원을 벌 것처럼 말하는 사람, 이런 사람은 흔히 잘난 체하는 사람이다. 이들의 공통점은 실행 없는 말뿐이라는 것이다.

내 안에 잠자고 있는 능력을 깨워라

요즘 서점가에는 '공감'의 물결이 거세다. 사회가 소통 불통 상태이고 서로가 자신만을 내세우며 경쟁하는 것에 지친 사람들이 위로받고자 하는 이유 때문일 것이다.

제레미 리프킨은 〈공감의 시대〉에서 인간은 적대적 경쟁보다는 유대감을 가장 고차원적 욕구로 지향하는 존재라고 말한다. 인간은 본능적으로 서로 적대시하고 경쟁하는 존재가 아니라 공감하는 존재라는 것이다. 공감의 역사적인 사례로 리프킨은 제1차 세계대전 때 플랑드르 전선에서 있었던 독일군과 영국군의 이야기를 든다. 제1차 세계대전 때인 1914년 12월 24일 저녁, 프랑스 플랑드르 지방에서는 희한한 광경이 펼쳐진다. 독일군 병사들이 크리스마스트리에 수천 개의 촛불을 붙이자 영국군 병사들은 박수로 답했다. 그리고 캐럴인 〈고요한 밤 거룩한 밤〉을 부르기 시작한다. 대치 중인 영국군은 넋을 잃고 이를 바라보았다. 영국 병사들도 캐럴을 부르며 적에게 화답했고 그들에게 똑같이 열렬한 박수를 받았다.

양쪽에서 몇몇 병사들이 참호 밖으로 기어나와 무인 지대를 가로질러 서로를 향해 걷기 시작했다. 그러자 수백 명이 뒤따랐고 곧이어 수천 명의 병사가 참호 밖으로 쏟아져 나왔다. 그들은 악수를 나누고 담배와 비스킷을 건넸으며 가족사진을 꺼내 보여주었다. 서로 고향 이야기를 하며 지나간 크리스마스의 추억을 나누었고 이 터무니없는 전쟁을 키득거리며 비웃었다.

생과 사가 병존하는 전장에서 서로 적대적인 병사들은 서로의 고통에 손을 뻗어 상대방의 곤경에서 위안을 찾았고, 무인지대를 서성이며 상대방에게서 자신의 모습을 발견했다. 서로를 위로할 수 있는 힘은 오로지 동료와 유대감에서 비롯되었으며, 이것이 진정한 인간의 모습을 찾는 순간이라고 말한다. 인간은 이기적인 존재만이 아니라 타자의 아픔을 느끼고, 타자와 공감하는 존재라는 역설로 시작된다.

리프킨은 이 공감하는 인간 즉, 호모 엠파티쿠스Homo Empathicus가 새로운 인류 세계를 만들어갈 것이라고 예견한다. 이에 덧붙여 리프킨은 앞으로는 협업의 경제 체제에 동승한 개인, 기업, 나라만이 살아남을 수 있다는 주장을 내놓는다.

안철수는 말을 앞세우지 않는다. 잘난 체하지도 않는다. '송양지인宋襄之仁'의 고사가 생각날 정도로 자신을 낮추고 겸손하다.

그의 '착한 양보'에 대해 일부에서 비판하는 것도 무리는 아니다. '돌다리도 두드려보고 건넌다'는 속담이 있다. 그러나 두드려보고도 건너지 않는 사람이 있다. 안철수가 바로 그런 부류다. 내성적이고 소심하기까지 하다. 결정을 하는 데 신중한 편이다. 단 한 번 선택을 하고 결정을 내리면 거침이 없고 끝장을 보고야 만다.

〈내성적인 사람이 성공한다〉는 책도 있듯이 내성적인 성격은 단점이라고 꼬집어 말하기는 힘들다. 때로는 장점이 되어 플러스 효과를 내서 내성적인 사람이 더욱 신뢰를 얻고는 한다. 안철수가 그렇다. 그는 연세대 강연회에서 기업가에 대한 통념을 이렇게 뒤집었다.

젊고 인맥이 넓을수록 기업가가 되기 쉽다고 생각하지만, 성공한 기업가들은 대개 내성적이고 중년의 나이에 기업을 만든 경우가 많습니다. 벤처기업 사장 모임에 간 적이 있는데 NHN, 다음 등 성공한 기업의 대표일수록 말도 없고 내성적이었어요. 〈국민일보〉, 2009.9.22.

내성적인 안철수는 어떻게 보면 사업과 어울리지 않는 사람이다. 그는 부끄러움을 많이 탄다. 낯도 잘 가린다. 심지어 한때는 땅만 보고 걸어 다닌 시절도 있었다고 고백한다. 다른 사람과 눈을 마주치기 싫어서다. 그렇다고 그가 대인기피증이 있는 것은 아니다. 농담 따위는 안 할 것처럼 보이는 사람이지만 오래 관계를 유지한 친한 사람에게는 농담도 한다. 청춘콘서트를 보면 박경철과 농담하는 장면이 자주 나온다.

안철수는 자신이 남에게 폐가 되는 것을 참지 못한다. 일종의 결벽증이다. 필자는 2009년 5월 그와 인터뷰를 할 때 식은땀이 났다. 그동안 수백 명의 인터뷰이 중에서 안철수만큼 필자를 힘들게 한 이는 생각나지 않는다. 그만큼 독특한 캐릭터를 지닌 사람이 안철수다. 그런 캐릭터가 안철수를 순수주의자로 만들고 급기야 안철수 신드롬을 불러오고 있다는 생각마저 든다. 그것은 우리 사회에 너나없이 가식이 넘치는 사람들이 많기 때문일 것이다.

안철수는 안과 밖이 똑같은 매우 드문 인물이다. 가식이란 없다. 안철수를 아는 사람은 그의 신뢰, 겸손, 도덕성을 의심하지 않는다. 물론 '같이 일하기에는 답답한 인물'이라는 평가를 받기도 한다. 그래서 같은 이야기라도 그가 이야기하면 무게가 실린다. 그의 도덕성과 성실함이 내뱉는 단어 위에 실려 있기 때문이다. 〈주간조선〉, 2005.2.28.

〈주간조선〉의 평가처럼 안철수는 인간적인 여러 약점에도 불구하고 역설적으로 인간관계에서 가장 기본이 되는 '신뢰'를 누구보다 깊이 얻고 있다. 그는 기업의 최고경영자 자리에서 물러났지만 지금도 여전히 대한민국에서 신뢰와 존경을 받는 '영원한 CEO'다.

게으를수록 자신을 옭아매라

나는 늘 고생 좀 안 하고 실력을 쌓았으면 좋겠다는 생각을 하고 살아요. 한 분야도 제대로 하기가 너무 힘들어요. 뭔가 하나를 하기 위해서는 정말 죽을 만큼 괴롭죠. 사람들은 나를 천재라고 생각하는데 절대 꿈에서도 그런 생각은 해본 적이 없어요. 〈중앙일보〉, 2009.2.20.

그동안 쌓아온 이미지 때문에 흔히 안철수는 청교도적인 '바른생활 사나이'로 여겨진다. 하지만 그는 일을 하지 않고 성공하고 싶다는 말을 할 만큼 일하기 싫어하고 게으른 편이라고 솔직히 고백한다. 또 다른 인터뷰를 들어보자.

제가 게으른 편이에요. 마음 편하게 사는 것을 좋아해서 마음이 풀리면 좋아하는 소설책만 하루 종일 읽거나 천장을 보면서 백일몽을 꿔요. 그래서 제가 쓰는 수법이 스스로를 옭아매는 거예요. 의대 대학원 시절에는 제가 모르는 분야에 대해 칼럼을 쓰겠다고 일부러 약속하고 고생해서 글을 썼어요. CEO를 그만두고 공부를 결심했을 때도 아예 석사 학위 과정으로 갔어요. 토플 시험도 새로 보고 GMAT경영대학원 입학시험도 치고, 후회도 많이 했어요. 〈매일신문〉, 2008.9.21.

게으른 안철수와 게으름뱅이의 차이는 바로 게으르지 않기 위해 엄청난 노력을 한다는 사실이다. 그는 자신이 게으름에 빠지지 않도록 스스로를 옭아매면서 일한다. 먼저 과제를 만들어놓으면 안 할 수 없기 때문이다. 게으른 사람이 스스로를 옭아매지 않으면 그야말로 게으름뱅이로 전락하고 말 것이다. 그가 게으를 수 없는 이유도 바로 실행력 때문이다.

그는 천재다. 의학 공부를 하면서 백신 개발을 한 것만 봐도 알 수 있다. 하지만 엄청나게 노력하는 천재다. 집중력이 뛰어난 천재다. 박사 과정을 밟으면서 새벽 3시에 일어나 3시간 동안 백신을 개발한 이야기는 유명하다. '저는 어떤 문제에 부딪히면 남보다 2~3배의 시간을 투자할 각오를 합니다. 그것이 보통 두뇌를 가진 제가 할 수 있는 유일한 방법입니다.' 노력에 대한 그의 철학이다. 〈주간한국〉, 2005.2.28.

안철수는 흔히 천재에 비유되지만 천재성을 소모한 크리스 랭건과 달리 누구보다 노력하는 천재다. 무엇보다 오늘날의 그를 만든 것은 끊임없는 학습, 반복적인 학습이었다.

안철수는 술도 마실 줄 모를 것 같지만 그렇지 않다. 한 언론과의 인터뷰에서 한때 "술고래"로 통했다고 밝힌 바 있다. 그는 "한창 때는 소주 2병 이상을 먹어야 술을 마시고 있다는 생각이 들었다"고 말했다. 그는 술에 강한 체질을 타고났다고 한다. "술 마신 다음 날은 오히려 빨리 일어났고 기분이 상쾌하기까지 했다"는 것이다. 그러나 미국 유학을 마치고 귀국해 무리하는 바람에 간염에 걸려 오랜 기간 고생한 적이 있었다. 그 이후 건강 때문에 술을 끊었다. 그것이 일반 사람과의 차이다. 보통 사람은 건강 때문이라도 쉽게 술을 끊지 못한다. 하지만 안철수는 자기 의지로 금주를 하고 책을 읽고 자기 역량을 끊임없이 업그레이드 해나갔다.

또 그는 남에게 화를 내본 적은 없지만 참고 살지는 않는다고 말한다. 욕실에서 샤워를 하면서 혼자 고함 지르는 것으로 스트레스를 푼다고 한다.

나는 참으면서 살지 않았어요. 마음 편한 대로 살았지요. 사람이 1~2년은 참아도 20년을 어떻게 참아요. 또 남들 앞에서 화내본 적은 없어요. 욕은 못해요. 하지만 저 스스로에게는 화가 나기도 해요. 제가 잘못한 부분에 대해서…… 욕실에서 샤워하다가 혼자 고함을 지르기도 합니다. 〈뉴스한국〉, 2009.6.18.

안철수는 내성적이든 외향적이든 자기 성격을 굳이 바꿀 필요가 없다고 말한다. 다만 성격이나 스타일 때문에 다른 사람에게 피해를 줄여지가 있다면 적극적으로 바꾸려는 노력을 해야 한다고 조언한다. 그가 남에게 피해를 주고는 못 견디는 스타일임은 여기서도 확인할 수 있다.

248

사람을 움직이는 것은 말보다 진정성

몇 년 전 필자가 메모광을 취재하던 가운데 보험 영업의 달인인 정태웅 씨를 만난 적이 있다. 그를 보면 영업에 대한 고정관념을 깨뜨리게 된다. 정태웅 팀장은 영업에 적합한 인물이 아닌 것처럼 보인다. 말이 없는 내성적인 성격이라 저런 사람이 어떻게 10년 동안 보험왕에 올랐는지 의아스럽기까지 하다.

성균관대를 졸업하고 1992년 보험회사에 취직할 때 부모님은 '3대 불가론'을 들어 반대했다고 한다. 첫째, 친척들이 가난하기 때문에 보험을 들어주거나 도와줄 사람이 없다. 둘째, 영업을 하기 위해서는 성격이 외향적이고 사교적이어야 하는데 오히려 고지식하고 내성적이기 때문에 너에게는 맞지 않다. 셋째, 영업을 잘하려면 상황에 따라서 손바닥 뒤집듯 임기응변을 잘해야 하는데 그런 것을 잘하지 못한다.

그러나 정태웅은 보란 듯이 영업에서 최고의 능력을 발휘했고 영업에 대한 기존 편견을 깨뜨렸다. 그는 오히려 주변에 부자가 많아 그들의 도움을 받았다면 이 일을 하면서 오래 버티지 못했을 것이라고 생각한다. 지속적으로 고객을 만들면서 힘들게 성장한 것이 오랫동안 활동할 수 있는 원동력이 됐다는 것이다.

부모님이 지적한 내성적인 성격에 대해서도 역시 다른 진단을 내놓는다. 그는 외향적이고 사교적이어야 친구가 많은 것은 아니지 않느냐고 반문한다. 문제는 인간관계에서 중요한 '신뢰'라고 말한다. 성격이 내성적이든 외향적이든 고객의 신뢰를 얻은 데는 전혀 영향을 받지 않는다는 것이 그의 주장이다. 더 나아가 임기응변으로 영업을 하기보다는 진실되고 한결같은 모습으로 거짓말하지 않는 것이 중요하다고 말한다. 신뢰와 진정성이 관건이라는 이야기다. 영업은 말보다 마음을 움직이는 데 달려 있다고 그는 확신한다. 화려하고 멋있게 말을 잘하는 사람이 친구도 많고 사회에서 성공할 것으로 보이지만 실제로는 그렇지 않은 경우가 있는 것처럼 영업도 마찬가지라는 것이다. 때로는 어눌하고 말을 더듬으면서 얼굴이 빨개져도 신뢰를 주면 물건을 팔 수 있다.

그는 "우리 사회는 영업에 대한 잘못된 고정관념을 가지고 있다"면서 "영업은 내성적인 사람이나 원칙에 충실한 사람이 더 적합하다"고 말한다. 말만 앞세운다든가 브리핑을 잘하면 물건을 팔 수 있다고 생각한다면 그건 오산이라는 것이다. 영업은 좁게는 물건을 파는 일에 국한되지만 넓게는 '나 자신'을 파는 일이다. 화려하게, 멋있게 말하는 사람이 영업을 잘하는 것은 아니다. 말만 앞세우다 보면 신뢰를 잃어버리기 쉽다. 오히려 그것이 약점이 될 수 있다고 그는 조목조목 반박한다.

성격이 영업을 결정하는 것이 아니라 자기 특성을 살리는 데 달려 있다는 것이다. 외모가 잘생기지 않아도 자기 나름대로 영업 방식을 개발하면 그것이 강점이 되고 고객들에게 통할 수 있다. 내성적이더라도 좋은 방향으로 개발해 나가면 영업에도 충분히 통할 수 있다고 그는 거듭 강조한다.

　필자는 어느 해 봄에 관광버스를 타고 광양으로 매화 꽃구경을 하러 간 적이 있다. 관광버스로 가면 '영업맨'들이 항상 대기하고 있다 상품을 홍보하려고 잠시 차에 올라탄다. 그날도 이른바 '무진장무주, 진안, 장수의 오지를 비유하는 말' 구간을 가던 중에 한 아저씨가 버스에 올랐다. 도라지 분말을 파는 분이었다. 완전히 시골 아저씨 분위기였는데 그것이 더 믿음을 주었다. 고생하며 직접 도라지를 재배해서 분말을 만든다는 말에 관광객들이 모두 신뢰하는 눈치였다. 어눌한 말솜씨와 허름한 옷차림의 농군이었지만 도라지 분말 영업에는 탁월한 실력을 발휘하는 데 놀라지 않을 수 없었다. 영업의 기본은 말솜씨가 아니라 진정성에 달려 있다는 것을 새삼 실감했다.

　노자의 〈도덕경〉에는 '고졸古拙'이라는 표현이 나온다. 고풍이 감돌고 뭔가 서툰 듯한 것. 그러면서도 내면에서 풍기는 어떤 멋 같은 것을 말한다. 역자인 오강남은 이에 대해 다음과 같이 풀이한다.

　조금이라도 도자기의 진가를 감식할 수 있는 눈이 있는 사람이라면 이렇듯 반듯반듯하고 반지르르한 것이 아니라 뭔가 균형도 완전히 잡히지 않은 것 같고, 어딘가 거칠고 투박한 것 같으면서도 구수하고 은근하고 정답고 살아 숨 쉬는 듯한 것, 금방 눈길을 끌 정도로 뛰어난 것은 아니지만 어쩐지 마음이 끌리고 편안하게 느껴지는 것에 손이 갈 것이다. 거기에는 이른바 '고졸'의 의미가 있기 때문이다. 도자기만이 아니라 조각도, 그림도 마찬가지로 어딘가 좀 모자란 듯하고 수줍은 듯한 데가 있어야 내면에서 먼저 나오는 신비스러움과 아름다움을 느끼게 해준다는 것이다. 한국의 불상이나 민화가 이런 비밀을 머금고 있기에 친근감과 동질감을 가지고 우리에게 육박하는 힘을 발휘하는 것이라고 하지 않는가?

완전히 이루어진 것은 모자란 듯합니다. 그러나 그 쓰임에는 다함이 없습니다. 완전히 가득 찬 것은 빈 듯합니다. 완전히 곧은 것은 굽은 듯합니다. 완전한 솜씨는 서툴게 보입니다. 완전한 웅변은 눌변으로 보입니다.

말을 번지르르하게 잘하는 것이 반드시 좋은 게 아니다. 말을 잘한다고 영업의 달인이 되는 게 아닌 것과 같다. 오히려 대가들은 말을 잘하지 못한다. 어딘지 모르게 모자란 듯하고 어눌하기까지 하다. 그래서 대가의 강의를 듣고 실망하는 경우도 더러 있다(이는 또 신이 인간에게 한 가지 이상의 달란트를 주지 않은 이유이기도 하다). 역자인 오강남은 함석헌 선생의 예를 든다.

함석헌 선생께 무슨 질문이든 던지면 첫마디가 '글쎄요' 하는 것이었다. 문자 그대로 동과 서, 고와 금의 거의 모든 사상에 통달하다시피 한 그분이 어찌 이북 사람이나 열성파 기독교 신자보다 말을 잘 못하셨을까? 그분은 미리 짜인 각본 같은 대답이나 일차방정식처럼 직선적인 대답을 준비하고 다니지 않으셨다. 진정으로 속에서 우러나는 소견을 그때그때 듣는 사람의 사정에 알맞게 말씀하시려니 청산유수처럼 될 수가 없고 자연히 주저하는 듯, 더듬는 듯한 감을 줄 수밖에 없었던 것이 아닐까? 미리 꾸미고 다듬은 말이 아니라 진정에서 우러나오는 말, 지극히 자연적인 마음 상태에서 나오는 말, 도에 입각한 말은 이렇게 눌변처럼 보인다. 그러나 이보다 더 웅변적으로 듣는 사람의 심금을 움직이는 것이 어디 있겠는가?

함석헌 선생이나 안철수에게서 알 수 있는 것은 바로 진정성의 힘이다. 말이 아니라 내면의 울림이 전달되면 그것보다 더 강렬한 소통은 없을 것이다. 마음이 서로 전달된다면 이미 절반은 이루어진 것이나 다름없다.

—

**Good-natured
Power**

—

한계 극복

No Pain no gain,
고통 없이는
아무것도 얻지 못한다

행운은 매우 중요한 요소다. 하지만 행운을 차지할 수 있는 사람은 대부분 제대로 준비되어 있고 끈기 있는 쪽이며, 그런 사람이 훗날 전기 작가의 주인공이 된다.

— 빅터 고어츨 외, 〈세계적 인물은 어떻게 키워지는가〉 중에서

미국 역사상 최초의 흑인 대통령 버락 오바마는 '예스, 위 캔Yes, we can'이라는 정치적 구호로 미국인뿐만 아니라 전 세계인을 사로잡았다. '우리는 할 수 있다'라는 긍정적이고 적극적인 말이 사람들에게 희망을 불러일으킨 것이다. 긍정의 마음은 시련이 닥쳤을 때 큰 힘을 발휘한다.

오바마의 구호처럼 무슨 일이든 할 수 있다는 자세로 접근하는 사람만이 기회를 잡고 행운을 거머쥘 수 있다.

가정에서 부모가 자녀에게 심부름을 시킬 때 군말 없이 밝은 표정으로 '네' 하면서 심부름을 다녀오는 아이들이 있다. 직장에서 상사가 부하에게 일을 지시할 때 어떤 일이든지 먼저 '잘 알겠습니다. 열심히 하겠습니다'라고 대답하는 사람이 있다. 반면 '심부름하기 싫어요'라고 대답하는 아이가 있는가 하면, '글쎄, 힘들지 않을까요?'라거나 '그건 하면 안 됩니다'라고 부정적으로 말하는 사람이 있다. 누구도 이런 사람과는 함께 일하고 싶지 않을 것이다.

아무리 힘든 상황에서도 자기 계발을 게을리하지 마라

안철수가 내성적인 자기 성격에 갇혀 도전을 포기했다면 오늘날의 안철수는 존재하지 않았을 것이다. 먼저 자신의 벽을 넘어야 새로운 도전으로 나아갈 수 있다. 이때 본인의 의지도 중요하지만 부모의 도움도 필요하다.

안철수에게는 결정적인 순간이 몇 번 있었다. 첫번째 순간은 앞서 언급했던 대로 의대 3학년 겨울방학을 보내면서 돌연 공부에 대한 두려움을 느꼈을 때다. 당시 다행히 부모님의 도움으로 안정을 되찾을 수 있었다. 용기를 얻어 다시 서울로 돌아온 안철수는 친구도 사귀고 동아리에도 들어가며 대학 생활에 전환기를 맞이하게 된다. 의료봉사 활동 동아리로 의대 학생을 중심으로 운영되는 가톨릭학생회에 가입해 무의촌을 돌며 의료봉사 활동에 나선 것이다. 안철수에게 하나의 이정표와 같은 사건이라고 할 수 있다. 이때의 봉사 정신은 백신을 무료로 공급하는 공익 정신으로 이어졌다.

안철수는 직장인이라면 누구나 자기 계발에 나서야 한다고 주문한다. 어떠한 상황에서도 자발적으로 동기부여를 하고 자신을 관리하면서 역량을 강화해야 성공할 수 있다는 것이다. 그동안 수많은 변신을 성공적으로 해온 안철수는 어쩌면 자기 계발의 대가라고 할 수 있을 것이다.

끊임없는 공부는 자기 자신을 성찰하게 하고 나아갈 바를 깨닫게 한다. 또한 다른 사람의 삶을 이해하게 해준다. 공부를 통해 좀 더 성숙해 질 수 있다는 말이다.

자기 계발은 하루하루 실행력에서 시작된다. 그것은 또한 쉬운 일보다 힘들고 어려운 일을 먼저 하는 습관이 뒷받침돼야 한다고 전문가들은 강조한다.

M. 스캇 펙의 〈아직도 가야 할 길〉에는 사소한 습관이 얼마나 중요한지 알 수 있는 사례가 나온다. '힘들고 어려운 일은 먼저, 즐거운 일은 나중에 하자'는 내용이다. 정신과 전문의인 스캇 펙은 자신의 상담 사례를 들며 이 이야기를 설득력 있게 묘사한다.

서른한 살인 경리 사원이 있었다. 그녀는 해야 할 일을 질질 끌고 미루는 성향이 있었고 이 습관이 개인 생활뿐 아니라 직장 생활에도 영향을 미쳤다. 집에서도 항상 하기 싫고 골치 아픈 일, 어려운 일을 미뤘고 직장에서도 마찬가지였다. 그녀는 이러한 문제로 정신과 의사를 찾았다. 해야 할 일을 질질 끌고 미루는 성향을 어떻게 하면 고칠 수 있겠느냐고 하소연했다.

의사는 먼저 그녀의 직장 상사들에 대한 감정이라든지, 권위에 대한 그녀의 태도, 특별히 부모에 대한 감정은 어떤지 등을 검토했다. 또한 일에 임하는 자세와 이를 성취하는 데 대한 그녀의 반응을 살펴봤다. 아울러 이런 것들이 결혼 생활과 관계있는지, 또는 성적 자신감, 남편과 경쟁하려는 욕구와 그런 경쟁에서 오는 공포감과도 서로 관계가 있는지 검토했다. 이렇듯 다양하게 정신분석을 했지만 그녀는 여전히 일을 미루고 게으름을 피웠다. 어쩔 수 없이 스캇 펙은 그녀의 먹는 습관을 살펴보기로 했다.

"케이크를 좋아합니까?" 그녀는 좋아한다고 대답했다.

"케이크의 어떤 부분을 좋아하나요? 케이크에 바른 프로스팅_{설탕과 크림 등을 덮은 부분}을 좋아합니까?"

"물론 프로스팅을 좋아하죠." 그녀는 신나서 대답했다.

"그러면 케이크를 어떤 순서로 먹나요?"

"프로스팅을 먼저 먹지요"라고 그녀는 대답했다.

케이크 먹는 습관에 이어 그녀가 일하는 습관을 검토했다. 그 결과 놀라운 사실이 드러났다. 그녀는 언제나 주어진 시간에서 처음 1~2시간은 즐거운 일을 반쯤 미리 해치우고 나머지 6시간은 지겹고 하기 싫은 일을 한다는 사실이었다. 그래서 의사는 처음 1~2시간에 재미없는 일을 억지로라도 먼저 마무리하고 나머지 6시간은 자유롭게 즐기는 것이 더 낫지 않겠느냐고 조언했다. 그녀도 스스로 공감하고 예전 습관을 바꾸려고 노력했으며 그 결과 더 이상 일을 질질 끌지 않게 되었다.

스캇 펙은 다음과 같이 조언한다.

즐거운 일을 나중으로 미루는 것은 하루하루의 생활에서 괴로운 일과 즐거운 일을 계획적으로 짜되, 고통을 먼저 겪은 뒤 즐거움을 느끼게 되면 그 즐거움을 더 잘 우리는 시간을 효율적으로 배분하는 기술을 아주 어려서부터 배워야한다. 어려운 일이나 힘든 일에 시간을 우선적으로 배분하고 그다음에 쉬운 일에 시간을 배분하는 기술은 하루아침에 이루어지지 않기 때문이다. 성공은 작은 습관에서 시작된다. 나쁜 습관은 성공의 최대 적이 되는 셈이다. 하지만 대부분의 사람들은 습관의 중요성을 잘 인식하지 못한다. 안철수는 의사로 일하면서도 새벽에 일어나 컴퓨터바이러스를 공부했다. 기업을 경영하면서도 자투리 시간을 활용해 독서를 했고 미국으로 유학가 경영학을 공부했다. 도전하고 또 도전하면서 새롭게 변신했다. 그것은 시간 관리에서 시작한 자기 계발의 습관에서 시작됐다.

자신의 장벽을 넘어야 사회의 장벽을 넘는다

안철수는 자기와 뜻을 같이하는 사람들의 도움으로 스스로의 장벽을 뛰어넘고 나아가 사회적 장벽도 뛰어넘을 수 있었다. 안철수연구소에서 초창기부터 함께 일했던 수많은 '안철수 신도(?)'가 있었기에 가능했다. 이는 미국의 유통 전문업체 노드스트롬Nordstorm의 직원들이 회사에 충성한다는 의미로 자신들을 "노디Nordie"라고 부르는 것과 비슷하다.

일류 기업들은 흔히 '사교私敎 같은 기업 문화'를 가지고 있다짐 콜린스·제리 포라스, 〈성공하는 기업들의 8가지 습관〉, 김영사, 2002.. 달리 말하면 교주와 열혈 신도 같은 분위기를 지닌다는 것이다. 그만큼 기업이 내세우는 이념 즉, 핵심 가치가 회사의 구성원 사이에서 잘 공유되고 지켜지고 있는 것이다. 핵심 가치이념는 매출 목표와 같은 구체적 수치의 달성과 달리 기업의 모든 구성원들이 마음으로 받아들이고 실천해야 하는 이념적 가치다. 예컨대 '고객 신뢰'와 '인류 공헌' 등과 같은 일종의 도덕률이다.

노드스트롬은 고객 감동 서비스가 '노드스트롬 원칙'이라고 회자될 정도로 독특한 기업 문화를 지녔다. 어떤 상황에서도 고객에게 절대 'NO'라고 하지 않는 기업으로 유명하다. '살인 미소'는 기본이다. 신입 사원으로 채용되면 누구나 재고 창고나 매장 같은 밑바닥 일부터 시작한다. 대신 직원들에게 많은 권한을 주어 개개인이 기업가처럼 행동하도록 유도한다. 아무도 지시를 내리지 않고 다만 스스로 고객을 즐겁게 해주기 위한 업무를 찾아야 한다. 즉, 고객을 즐겁게 해주기 위해 필요하다면 무엇이라도 하겠다는 마음가짐이 없는 직원은 결코 살아남을 수 없다. 그래서 신입사원 중 절반이 1년쯤 뒤에 퇴사한다고 한다. 어떤 자리에서든 자신의 능력을 입증해야 하고 그렇지 못하면 떠나야 하는 것이다. 자신의 능력을 스스로 입증한 사람만이 승진의 사다리에 올라설 수 있다. 그 사다리에 올라선 이들은 충성스러운 노디가 된다.

노디와 같은 안철수 신도들은 안철수가 안철수연구소에 이식한 '정직과 신뢰'를 공유하면서 짐 콜린스^{경영 원리 전문가}의 비유처럼 '사교 같은 기업 문화'로 이어지고 있다. 이는 안철수연구소가 안철수 없이도 유지되는 비결이기도 하다. 안철수의 추종자들은 안철수연구소에서만이 아니고 이제 도처에서 생겨나고 있다.

그런데 주변 사람들의 별다른 도움 없이 자기 장벽을 넘어선 사람이 있다. 안토니오 그람시는 자기 운명의 굴레를 박차고 감동적인 삶을 산 사람으로 꼽힌다. 그람시는 금세기 유럽 사회사상에 엄청난 영향을 끼쳤고 레닌주의와 스탈린주의의 궁극적 소멸에도 공헌한 사상가이다. 1891년 이탈리아 사르디니아 섬의 빈한한 가정에서 태어난 그람시는 척추 장애로 어린 시절을 줄곧 병마와 싸우며 보냈다. 아버지마저 무고죄로 형무소에 갇히는 바람에 가족은 나락으로 떨어졌다. 이런 사실을 감안하면 그람시의 성격이 증오와 원한으로 똘똘 뭉쳐 비뚤어지는 것이 당연할 것이다. 하지만 그람시는 탁월한 문필가와 이론가로 성장해 억압받는 사람들을 돕는 데 일생을 바쳤다. 1926년 무솔리니의 파시스트 정권에 체포되어 20년 형을 선고받고 중세의 감옥에 유폐된 상황에서도 밝고 희망에 넘치는 편지와 에세이를 줄기차게 썼다. 그는 11년을 감옥에서 지내다가 46세에 세상을 떠났다.

그람시나 마르크스나 세상은 평등해야 한다고 말하지만 불행하게도 인생은 공평하지 않다. 만인 대 만인의 투쟁이고 어디서든 경쟁은 피할 수 없다. 자기 능력을 입증해 보이지 못하면 패배자의 위치로 내몰린다.

더욱이 어떤 사람은 입에 풀칠하기도 힘든 가정에서 설상가상으로 선천성 장애를 안고 태어나는가 하면, 어떤 사람은 어마어마한 재산을 가진 부잣집에서 준수한 외모에 건강한 신체를 가지고 태어난다. 하지만 경쟁을 할 때 세상은 이런저런 요인을 결코 고려해 주지 않는다.

그래서 중요한 것이 '마음'이다. 운명의 장벽을 뚫고 나갈 수 있는 힘은 외부에 있는 것이 아니라 자기 자신에게 달려 있다. 누구든 의지만 있으면 삶을 개선할 길을 찾을 수 있다. 가난한 데다가 장애까지 안고 태어난 그람시가 자신의 비참한 환경만 탓했다면 지금 그의 이름은 기억되지 못했을 것이다.

힘든 순간에 직면할 때 물러서면 거기까지가 자기 능력이 되는 것이다. 그 때문에 반드시 이를 극복해 자기 능력을 지속적으로 확대하려는 노력이 필요하다. 위기와 어려움 앞에서 물러서지 않는 자세가 자신을 한 단계 더 성숙시키기 때문이다.

안철수는 자신의 한계를 극복하는 것이야말로 꿈과 목표를 이루는 데 가장 중요하다고 강조한다. 그가 새로운 일에 도전하는 것 자체가 자기 한계를 극복해 가는 과정이었다. 이는 자신과의 싸움이기도 하다. 안철수는 미국 유학 시절에 너무 힘들어 죽고 싶은 생각이 들기도 했다고 한다. 자기 능력보다 더 많은 과제가 놓여 있을 때 이곳에서 벗어나 도망치고 싶다는 생각이 들 때가 한두 번이 아니었다고 한다. 마찬가지로 의대 본과 시절에도 마치 공부가 자신을 삼켜버릴 것 같은 두려운 마음이 들었던 적이 있었다. 그때 어머니의 위로가 크게 도움이 되어 다시 용기를 얻었다. 그럴 때마다 "가장 중요한 것은 외부 여건이 아니라 자기 자신의 의지다"라고 다짐했다. 그가 학자 스타일이어서 기업가로 성공할 수 없을 거라는 우려에도 불구하고 대한민국에서 가장 신뢰받는 기업인으로 자리매김한 것도 이러한 다짐 덕분이었을 것이다.

자신만의 터닝 포인트를 만들자

'월가미국 뉴욕의 금융가의 인디애나 존스' 라는 닉네임을 가진 짐 로저스1942년 생는 5세 때 땅콩을 팔았던 게 비즈니스의 시작이라고 한다.

예일 대학교를 최우등으로 졸업한 수재였던 그는 주식 투자에 문외한이었다. 그런 그가 1969에 '투자의 귀재' 조지 소로스를 만나면서 새로운 인생을 시작한다. 10년 동안 3,365%라는 놀라운 투자 수익을 거두며 투자 고수 반열에 오른 것이다. 더 극적인 것은 38세가 되던 1980년 1700만 달러를 손에 거머쥐고 돌연 선언한 공식 은퇴였다.

1990년부터는 22개월 동안 1,000cc급 BMW오토바이를 타고 6대륙 51개국을 돌아다녔다. 지나치는 곳마다 증권거래소와 장외시장을 둘러보고, 그 나라 경제의 장단점과 향후 전망을 분석했다. 예일대 최우등 졸업생답게 여행과 비즈니스를 접목한 것이다. 그는 이를 토대로 〈월가의의 전설 세계를 가다〉라는 책을 펴내면서 다시 한 번 세상의 주목을 받았다. 1999년에도 자동차로 116개국을 돌아다닌 뒤 주요국의 투자 환경 등을 담은 〈어드벤처 캐피털리스트〉를 펴냈다. 주식에서 상품_{원자재}으로 투자 방향을 전환한 그는 2005년에는 〈상품시장에 투자하라〉는 책을 써 베스트셀러를 만들었다. 짐 로저스는 '경제 구루'로 세계적인 영향력을 발휘하고 있다. 로저스가 더 많은 돈을 벌기 위해 펀드매니저로 계속 일했다면 그의 인생은 오히려 더 추락했을 가능성도 배제할 수 없을 것이다. 그는 미련 없이 은퇴를 선언하고 자신만의 길을 만들어갔다. 그게 로저스 인생의 터닝 포인트 아닐까? 짐 로저스처럼 성공하려면 누구나 한두 번쯤 터닝 포인트를 실행할 수 있어야 한다.

한 포털 취업회사의 조사를 보면 우리 시대 직장인들의 속내가 그대로 보인다. 직장인 90% 이상이 '가능하면 직장을 떠나 혼자 자유롭게 일하고 싶다'는 것이다. 그런데 왜 직장에 얽매여 떠나지 못하는 것일까? 자녀 교육비가 가장 큰 원인이라고 한다. 특히 40, 50대 직장인의 경우 엄청난 등록금과 사교육비로 인해 어쩔 수 없이 직장에 다니고 있는 이들이 대부분이라고 할 수 있다. 그런데 이건 핑계에 불과하다는 생각이다. 문제는 직장을 나와도 마땅히 할 수 있는 일이 없기 때문일 것이다. 하루하루 직장 일에 얽매여 지내다보면 미래를 설계하고 꿈을 꾼다는 게 사치처럼 되어버리는 것이다. 그러다 막상 명예퇴직을 당하거나 회사에서 나오면 마땅히 할 게 없다.

아서 밀러의 희곡 〈세일즈맨의 죽음〉에서처럼 단물이 빠지면 가차 없이 용도 폐기되는 게 직장인의 변하지 않는 자화상이다. 30년간 세일즈맨으로 살아온 주인공 윌리 로만은 자기 직업을 자랑으로 삼으며 '성실하게 일하면 반드시 성공한다'는 신념을 가지고 있었다. 그러나 요즘 성공하려면 단순히 직장에서 성실하게 일만 해서는 안 된다. 자신의 꿈과 미래를 설계하는 데 있어 전략적 사고와 함께 중장기적인 목표를 지녀야 한다. 여기에 필요한 게 바로 '만족지연능력'을 키우는 것이다.

흔히 성공을 이야기할 때 회자되는 게 이른바 '마시멜로 실험'이다. 스탠퍼드 대학교 월터 미셸 박사는 1968년 마시멜로 실험을 통해 만족을 지연시키는 정신적 처리 과정을 규명했다. 달콤한 마시멜로를 먼저 먹는 아이와 먹지 않고 참는 아이 중에서 나중에 성공할 가능성은 마시멜로를 먹지 않고 참는 아이가 높았다는 실험이다. 이게 바로 '성공의 키'로 회자되는 만족지연능력이다.

짐 로저스처럼 자유로운 삶을 살아가려면 터닝 포인트가 있어야 한다. 그 터닝 포인트는 치열한 삶이 있는 자에게 주어지는 특권이라고 할 수 있다. 터닝 포인트를 갖기 위해서는 그 전에 마시멜로를 먹지 말고 만족지연능력을 키우면서 자신만의 비밀 병기를 만들어야 한다. 비밀 병기가 있다고 판단될 때 터닝 포인트를 스스로 선택할 수 있기 때문이다. 터닝 포인트를 마련하지 못하고 '강요된 선택'으로 내몰린다면 그만큼 슬픈 인생은 없을 것이다.

그런데 요즘 대학생 등 20대의 경우 만족지연능력을 키우기보다 당장 달콤한 마시멜로를 먹으려는 경향이 늘고 있다. 물론 천정부지의 부동산 값이나 어려운 취업 등으로 인해 그 어느 세대보다 좌절감과 분노감이 높은 것도 사실이다.

시골의사 박경철은 안철수 원장과 청춘콘서트를 하면서 청년들의 목소리에 귀를 기울였다. 이때 청년들은 무턱대고 도전하라는 기성세대의 말에 강한 반감을 가지고 있다는 말을 언론 인터뷰(경향신문), 2011.4.19에서 전했다. "기성세대가 흔히 하는 말이 '젊은이여, 도전하라'는 것입니다. 그 말을 들으면 젊은이들이 뭐라 하는지 아십니까? '함부로 도전했다가 결과가 잘못되면 선생님이 책임지겠느냐'고 합니다. 도전 정신이 없는 게 아니라 한번 잘못 내디디면 결과가 비참하기 때문에 못하는 겁니다."

그렇다고 언제까지나 좌절하고 분노하면서 지낼 수는 없다. 또 부모에게 기대 살 수도 없는 노릇이다. 언젠가는 홀로서기를 해야 한다. 그러기 위해서 만족지연능력을 키우면서 도전하고 시행착오를 겪다보면 어느 새 자신만의 길을 찾을 수 있을 것이다. 그러다 보면 자신만의 의지로 터닝 포인트를 만들고 하고 싶은 일을 하면서 자유롭게 생활할 수 있을 것이다. 물론 시행착오와 좌충우돌의 시기에 자신의 고민과 꿈과 목표에 대해 조언해 줄 멘토가 있다면 시행착오를 줄일 수 있다. 멘토가 필요한 것은 바로 시행착오와 좌충우돌을 줄여줄 수 있는 조언을 얻을 수 있기 때문이다.

"안 선생님과 저는 학생들에게 도전하라고 하지 않습니다. 그저 약속을 합니다. 여러분의 도전과 모험이 무모한 일이 되지 않도록 사회를 바꿔나가는 데 작은 힘이나마 되어주겠다고 합니다. 지금은 여러분들 앞에 우리 둘이 있지만 주변에 얘기해서 늘려가겠다, 노력하겠다고 합니다. 그렇게 약속할 테니, 너희들도 어렵지만 절벽에서 떨어져라, 그러면 나무에 옷자락이라도 걸릴 수 있지 않느냐고 합니다. 이런 이야기를 진짜 이해하는 눈빛으로 하면 그들은 꽤 오랜 시간 위로를 받습니다."

청춘콘서트가 젊은이들로부터 큰 인기를 끌 수 있었던 것은 바로 도전에 대한 위험부담과 이를 조언해줄 멘토에 대한 목마름이었다고 할 수 있다. 안철수와 박경철 두 사람이 그런 청년들에게 필요한 멘토의 역할, 모험과 도전에 따른 위험 부담에 대한 조언을 들으면서 위안을 얻고 또 용기를 가질 수 있었던 것이다.

비전과 목표를 세우고 마지막까지 도전하라

피터 드러커는 〈프로페셔널의 조건〉에서 자기 인생을 바꾼 7가지 지적 경험을 말하면서 먼저 "목표와 비전을 가지라"고 조언한다. 그는 대학에 진학하라는 부모의 권유를 물리치고 취직한 면제품 회사에서 견습생으로 일하던 18세에 주세페 베르디의 오페라 〈폴스타프〉를 봤는데 이것이 자신의 일생을 지배하게 되었다고 한다. 집에 돌아와 베르디의 자료를 찾아본 드러커는 베르디의 나이를 보고 깜짝 놀랐다. 이 오페라를 작곡할 당시 베르디는 무려 80세였던 것이다. 더욱 놀라운 것은, 베르디가 누군가에게서 "19세기 최고의 오페라 작곡가로 인정받고 있고 이미 유명인이 되었는데 그 나이에 왜 굳이 힘든 오페라 작곡을 계속하는가?"라는 질문을 받고 답변한 말이었다.

"나는 음악가로서 일생 동안 완벽을 추구해 왔다. 완벽하게 작곡하려고 애썼지만, 하나의 작품이 완성될 때마다 늘 아쉬움이 남았다. 그 때문에 나에게는 분명 한 번 더 도전해 볼 의무가 있다고 생각한다." 드러커는 베르디의 이 말을 평생 간직하면서 '마지막까지 완벽에 도전하고 싶다'는 인생의 목표와 비전을 세우게 된다. 그리고 실제로 그렇게 살았다. 2005년, 96세의 나이로 세상을 뜨기까지 그는 30여 권의 저서를 써내며 경영학의 큰 산으로서 수많은 업적을 남긴 것이다. 오늘날 세계적으로 그의 영향을 받지 않은 경영학자나 기업가는 거의 없을 것이다. 베르디의 오페라를 보고 결심한 대로 마지막까지 완벽에 도전하는 삶을 살았던 그는 진정 '자기 경영의 대가'였다.

한 분야의 전문가가 되는 것은 무척 어려운 일이다. 내가 각기 다른 분야에서 성공적인 변신을 거듭할 수 있었던 원동력은 매 순간 최선을 다하는 것이었다.

안철수가 EBS의 CEO 특강에서 말한 이야기다. 이어서 그는 "의사에서 벤처기업가로, 그리고 경영학자로 세 번에 걸쳐 변신하는 과정에서 깨달은 사실은 '고통 없이 아무것도 얻지 못한다No pain no gain'는 것이었다"고 털어놓았다.

그는 어떤 일을 하더라도 그 순간에 열심히 최선을 다한다면 누구나 자신이 원하는 것을 이룰 수 있다고 강조한다.

지금 하는 공부나 일이 다음에 할 공부나 일과 밀접한 관련이 있도록 인생을 계획해서 살 수 있다면 가장 효율적인 삶을 살 수 있을 것입니다. 그러나 지금 하고 있는 일이 장래에 얼마나 잘 쓰일 수 있을 것인가 하는 것보다 더 중요한 것은, 지금 주어진 일에 얼마나 최선을 다하고 얼마나 열심히 살아가느냐 하는 생활 태도라고 생각합니다. 안철수 외, 〈생애 최고의 날은 아직 살지 않은 날들〉, 조화로운삶, 2007.

대학에 다닐 때까지도 '외톨이'였다던 안철수는 자기 한계를 극복하면서 큰 성공, 사회적으로 존경받는 새로운 성공 모델인 '착한 성공'을 이루었다.

최명희의 대하소설 〈혼불〉에는 이런 내용이 나온다.

"전상前相이 불여不如 후상後相이라"고 하여, 사람의 앞모습 좋은 것이 뒷모습 좋은 것만 못하며 "후상이 불여 심상心相이라"고 하여 뒷모습이 아무리 보기 좋아도 그 사람 마음의 모습이 바르고 훌륭한 것만 못하다고 했다.

　대부분의 사람은 앞모습만 가꾸려고 한다. 하지만 앞모습보다는 뒷모습, 뒷모습보다는 마음의 모습이 인간적인 매력을 더해 준다. 안철수가 살아온 모습을 살펴보면 누구보다 심상 즉, 마음의 모습이 아름다운 사람이라는 생각을 지울 수 없다.

　순수에 대한 열정과 도전 정신, '착한 성공'을 지켜볼 수 있는 우리는 행복하다. 기존 정치인 누구도 하지 못한 '거대한 양보'를 함으로써 안철수는 이 사회에 아직도 순수한 양보의 미덕이 존재함을 일깨워 주었다. 안철수 식의 '착한 양보'가 앞으로 우리 사회에 어떤 반향을 몰고올지 유쾌한 기분으로 지켜보는 기회를 가질 수 있는 것 또한 동시대를 살아가는 이들의 즐거움 아닐까?

나 자신의 노력에
스스로 감동할 때까지 최선을 다하자

1

"자리 욕심만 버리면 그다음부터는 세상 사는 게 너무 편하다."

안철수가 한 언론과의 인터뷰에서 말한 것처럼 자신은 욕망에 충실하면서 살아왔지만 결코 자리 욕심은 내지 않았다고 한다. 다만 세상이 더 나은 방향으로 가는 데 보탬이 되는 것을 욕망할 뿐이라고 한다. 말하자면 '선의의 욕망'인 것이다. 그의 착한 성공은 이런 착한 욕망에서 나왔다.

그는 "나는 미래 계획이 없다. 그냥 현재를 열심히 살면 그다음 선택이 나한테 주어진다"고 말한다. 언뜻 들으면 아무 생각 없이 살아가는 것 같다는 오해를 불러일으킬 수 있는 말이다. 하지만 결코 그렇지 않다. 현재에 충실할 때만이 미래를 충실하게 살아갈 수 있는 능력을 키울 수 있다. 이 말에서 영화 〈죽은 시인의 사회〉에서 키팅 선생이 말한 "카르페 디엠 Carpe diem"이 떠오른다.

필자는 연세대에서 강의를 하는데 때로 학생들과 상담을 하다 보면 무엇을 해야 할지 막막해서 고민이라는 이야기를 들을 때가 있다. 대학 졸업 이후 무엇을 해야 할지 딱히 그려지는 게 없기 때문이다. 그렇다고 하고 싶은 것이 분명하게 다가오지도 않는다. 그럴 때 이런 말을 들려준다.

"막막하다면 그냥 생각만 하지 말고 지금 하고 있는 일에 최선을 다해라. 수업 준비를 철저하게 하고 관련 책들을 열심히 읽어라. 또한 동아리 활동이든 봉사활동이든 열성적으로 임하라. 신문도 열심히 읽어라. 그렇게 한 한기를 보내고 또 한 학기를 보내다 보면 점점 변화하는 자신을 발견할 수 있을 것이다. 그렇게 생활하다 보면 당장의 즐거움이나 만족 대신 '마시멜로 실험'에서처럼 만족지연 능력을 키울 수 있을 것이다. 나 또한 신문기자를 하면서 대학원 공부를 했고 책도 열심히 썼다. 그러다 보니 기자를 그만두고도 작가로서 새로운 길이 열리더라. 이게 바로 카르페 디엠의 진정한 의미가 아닐까?"

안철수는 이른바 청춘콘서트로 국민 멘토로서의 이미지를 강하게 얻었다. 불확실한 삶을 살아가는 청년들에게 멘토에 대한 갈증을 많이 풀어준 것으로 분석된다. 이는 그의 착한 삶, 나아가 착한 성공이 치열한 노력에 의해 얻은 성과이기에 더 호소력을 얻는다. 그는 청춘콘서트에서 "각 개인들이 자신의 인생의 주인으로서 어떤 생각과 마음가짐으로 노력해야 하는지, 이어 이 험난한 세상에서 어떻게 살아남고 또 어떻게 행복하게 살 수 있는지 그 노력들에 대해 이야기한다"고 소개한다〈주간경향〉, 2011.8.9. 노력하지 않으면 그 무엇도 얻을 수 없다. 그는 직장인들에게도 무엇보다도 자기 계발의 중요성을 강조한다. 자기 계발을 하지 않는 것은 자신에 대한 직무 유기라는 것이다. 그 역시 지금까지 여러 차례 성공적으로 변신을 한 것은 치열한 노력이 있었기에 가능한 것이었다. 이제 그는 그 노력을 바탕으로 자신의 행복뿐 아니라 우리 모두가 행복해지기 위한 이야기를 청춘콘서트를 통해서 들려주었다. 나아가 안철수의 이런 노력이 이른바 '착한 정치'로 이어질지 다음 행보에 온 국민의 관심이 폭발하고 있는 것이다.

2

이 글을 처음 쓰던 2009년 여름, 안철수가 교과서에 실린다는 소식이 들렸다. 2010년 3월 새 학기부터 사용되는 중학교 1학년 〈생활국어〉 중 '꿈을 향하여'라는 단원에 '안철수 선생님과의 면담'이라는 코너가 마련됐다고 교육과학기술부가 발표했다. 이 코너는 승연이와 예람이라는 학생이 안철수에게 자기 꿈을 이루기 위한 고민을 질문하고 이에 대해 안철수가 대답하는 형식으로 구성돼 있다.

안철수는 '어떤 꿈을 가져야 하느냐?'라는 학생들의 질문에 "내가 하고 싶은 일이 의미가 있는지, 재미가 있는지, 잘할 수 있는 일인지 세 가지 기준에서 바라보고 자신이 하고 싶은 일을 찾으라"고 조언한다.

"컴퓨터 업계의 슈바이처, 직장인들이 가장 닮고 싶어 하는 사람, 가장 존경받는 벤처기업가, 가장 신뢰받는 리더." 안철수를 쫓아다니는 수식어들이다. 인터넷에서 검색했더니 안철수를 비판하는 글도 간혹 눈에 보인다. 그러나 대부분의 사람들은 그에게 환호한다. 요즘같이 상식과 양심이 내팽개쳐지는 시대에 상식으로 착한 성공을 일구었기 때문이다.

무엇보다 그는 사적인 이익보다 공적인 이익을 위해 자신이 습득한 전문 지식과 경험을 사회에 환원했다. 어느 것보다 많은 사람들이 그에게 주목한 것은 겸손이었다. 그는 운이 좋았기 때문이라고 했다. 그는 평소에도 자신은 머리가 나쁘기 때문에 열심히 노력하지 않으면 안 되었다고 했다. (……) 그는 그 지식과 경험을 혼자 잘 먹고 잘사는 데만 사용하려 하지 않았다. 공동체를 위해 사용하려 했다. 그리고 세상의 평가에 아랑곳하지 않고 자기 길을 묵묵하게 가고 있다. 〈데일리안〉, 2009.6.29.

그는 성공했지만 누구보다 겸손하다. 그는 성공했지만 여기에 그치지 않고 끊임없이 노력하고 공부하며 의미 있는 도전을 계속하고 있다. 그것만으로도 수많은 사람들에게 꿈을 심어주기에 충분하다. 그러기에 교과서에 등장하는 주인공이 된 것이다. 그는 살아 있는 사람이 교과서에 등장한다는 사실에 굉장한 부담감을 느낀다며 실리지 않기를 바라기도 했다.

물론 일부에서는 성공한 안철수에 대해 비난하기도 한다. 남을 밟지 않으면 안 되는 사회 현실에서 너무 순진하게 원칙과 교과서적인 삶을 강조한다는 것이다. 안철수처럼 순진하게 살았다가는 누구도 살아남을 수 없는 것이 냉혹한 현실이라고 말한다. "100명이 그런 길을 갈 때 과연 1명이나 살아남을 수 있을까 하는 생각부터 든다"는 것이다. 노력보다 결과로 평가하는 사회에서 제2, 제3의 안철수는 성공하기 힘들다는 것이다. 어쩌면 이것은 정확한 지적일지도 모른다.

그래서 일부에서는 "안철수처럼 성공하고 싶지만 안철수처럼 살고 싶지는 않다"고 말하기도 한다. 나아가 "내 아이에게 안철수처럼 살라고 말할 용기가 없다"고도 한다.

당신 자식에게 안철수처럼 살라고 말할 수 있는가? 난 못하겠다. 이 사회가 어떻게 그 아이를 짓밟아 놓을지 보여서, 그 아이가 얼마나 상처받고 쓰려 하고 아파할지 보여서, 그게 이 사회에서 얼마나 눈물을 흘려야 하는 인생인지 보여서. www.thistopia.biz/147

이것이 오늘날 우리 사회가 안고 있는 최고의 역설이다. 필자도 안철수처럼 성공하기란 쉽지 않다는 데 동의한다. 다만 이 책이 안철수처럼 성공하는 방법과 삶의 태도에 대해 사회적으로 진지하게 한번쯤 생각해 보는 계기가 되었으면 하는 소망을 가져볼 뿐이다.

주변을 둘러보면 사회가 너무 이기적으로 변해가고 있다. 학생은 친구에게 필기 노트조차 빌려주지 않는다. 부모들은 너도나도 자녀 이기주의에 빠져 있다. 사회적으로는 집단 이기주의가 팽배하다. 기업들은 수익 극대화를 추구하며 살아남기에 여념이 없다. 회사원은 너나없이 직장에서 살아남기조차 힘겹다. 과연 이렇게 살아야 하는지 고민하면서도 감히 그 터널을 빠져나오지 못한다.

그래서 더더욱 '착한 성공'이 무엇인지, 나도 발전하면서 다른 사람의 발전을 다독이고 배려하는 것이 얼마나 보람 있는지 우리 사회가 한번쯤 생각해 보는 계기가 되었으면 하는 바람이다. 더 욕심을 내 착한 성공을 추구하는 제2, 제3의 안철수가 생겨났으면 하는 기대도 가져본다. 개인적으로 안철수처럼 사는 사람이 10만 명 중 한두 명만 있어도 우리 사회에 희망이 있다고 생각해 본다. 미국은 빌 게이츠와 워렌 버핏 같은 사람이 있어 사회 전체가 얼마나 행복한가! 그런 사람이 생기는 것이 이 사회가 선순환으로 가는 출발일 것이다.

"자신도 발전하고 다른 사람에게 도움이 될까를 생각하라."

이는 안철수가 우리에게 들려주는 많은 이야기 중에서 마음속에 소중히 담고, 바로 실행할 수 있는 원칙 중의 원칙이다. 이나모리 가즈오의 자리이타 정신과도 같다. 이나모리와 안철수는 너무나 닮아 있다. 이들의 자리이타 정신을 개인이 하나씩만 실천한다면 이내 세상은 따뜻한 가슴으로 충만해질 것이다. 자신도 미처 몰랐던 큰 자신을 만나는 자기 확대, 자존감의 증대는 자리이타를 실천하는 이들에게 주는 또 하나의 선물이다.

연암 박지원의 삶도 떠오른다. 연암의 일생은 3기로 나눌 수 있는데, 제1기는 35세까지로 과거 시험을 그만두고 실학을 연구한 시기다. 제2기는 35~50세로 실학자들과 학문을 연구하고 토론하던 탐구기다. 제3기는 50~69세까지로 지금으로 말하면 9급 공무원에서 시작해 자신의 실학 정신을 벼슬살이로서 이루려고 한 실천기라고 할 수 있다.

안철수가 살아오면서 실천한 일들도 따지고 보면 연암의 실학 정신에 잇닿아 있지 않을까 하는 생각을 해본다.

안철수의 경우, 의학자의 길을 걸었던 33세까지를 1기로 볼 수 있다면, 1995년 안철수연구소를 창업하고 최고경영자로 일한 2005년까지는 2기로서 본격적으로 벤처 정신을 구현하던 시기라 할 수 있다. 현재는 카이스트에 이어 서울대에서 후학을 가르치며 이른바 그가 걸어온 '착한 성공'의 정신을 사회에 전파하는 단계로 3기에 속한다고 할 수 있을 것이다.

3

안철수는 필자와의 인터뷰2001.5.8에서 더 큰 의미 있는 일이 주어진다면 새로운 도전에 나서겠다고 밝힌 바 있는데, 그것이 과연 '착한 정치'로 이어질지 궁금하다. 그는 카이스트 석좌교수를 거쳐 2011년 2학기부터 서울대 융합과학기술대학원장을 맡으면서 서울시장 후보에 이어 대권 후보로 급부상하고 있다. 마치 블랙홀처럼 사람들은 그에게 빠져들고 있다. 그 매력은 무엇일까?

그들은 비길 데 없는 겸손함을 보였고 사람들 앞에 나서서 떠벌리기를 꺼렸다. 제 자랑을 늘어놓는 법이 없었다. 조용하고 차분하게 결정하며 행동했다. 분명히 야망이 있었지만 그 야망을 자기 자신이 아니라 조직에 우선적으로 바쳤다. 차세대의 후계자들이 훨씬 더 큰 성공을 거둘 수 있는 기틀을 갖출 수 있도록 했다. 개인적 겸양과 직업적 의지를 역설적으로 융합하여 지속적인 큰 성과를 일궈낸다. 겸손하면서도 의지가 굳고 변변찮아 보이면서도 두려움이 없다.

이는 짐 콜린스가 최고의 리더십으로 말한 '단계5의 리더십'으로 안철수야말로 이 리더십에 근접한 우리 사회의 몇 안되는 리더라고 할 수 있을 것이다. 그는 철저하게 자신의 욕망에 충실하면서도 자리 욕심을 버리고 욕망한다는 삶의 철학을 견지해 왔다. 이는 어쩌면 안철수의 '착한 양보'와 '착한 성공'을 가져온 원동력일 것이다.

오늘날 안철수는 30년 전과 마찬가지로 여전히 '순수 소년'으로 살아가고 있다. 그는 여전히 낯을 가리고 수줍어하면서 거짓말을 할 줄 모른다. 물론 안철수 역시 인간이기에 보통의 욕망은 지니고 있을 것이다. 하지만 그는 자기 절제와 자리이타의 정신으로 그 모든 것을 이겨내고 있다.

2009년 5월, '메모의 달인' 안철수를 인터뷰하면서 그가 내 속으로 들어왔다. 그때 인터뷰를 계기로 〈안철수의 착한 성공〉을 쓰기 시작했다. 이 책을 쓰면서 필자는 인간 안철수를 들여다볼 수 있어 즐거웠다. 또 그의 삶을 객관적으로 조명하는 시간을 가질 수 있어 더없이 행복했다. 내 생애 최고의 행운이다.

2011년 9월, 안철수가 다시 내 속으로 들어왔다. 이번에는 다시 새롭게 도전하는 '착한 거인'의 모습으로 돌아왔다. 2009년 안철수를 인터뷰하면서 말미에 슬쩍 물어보았다. "다시 새로운 길을 나설 계획이 있으신지요?" 그때 안철수는 "더 큰 의미가 주어지는 일이 있다면 새로운 도전에 나서겠다"고 말했다. 의외였다. 나는 안철수가 이제는 교수로서 안착할 수 있기를 내심 바랐는지도 모른다. 그것은 '순수 소년' 안철수가 더 이상 사회의 세찬 바람에 노출되어 상처나지 않았으면 하는 개인적인 바람에서다.

일찍이 연암 박지원은 이렇게 말한 적이 있다_{박종채, 〈나의 아버지 박지원〉, 돌베개, 1998.}

옛사람의 말 가운데 '걸핏하면 비방을 받지만 그래도 명성은 따른다'라는 말은 아마도 허무맹랑한 말인 것 같다. 한 치의 명성을 얻으면 비방은 그 열 배나 돌아오는 법이다.

세상은 시대 정신을 앞서 전파하려는 연암에게 찬사보다 늘 비방을 일삼았다. 〈열하일기〉가 세상에 나오자 그 글을 놓고 비방의 말들이 난무했다. 그는 〈열하일기〉로 인해 자신에게 가해지는 '집단 이지매'에 심한 자조를 하기에 이른다. 지금 〈열하일기〉의 존재를 생각하면 선인들이 부끄럽기조차 하다.

4

자신의 거듭된 부인에도 불구하고 유력한 대권 후보로 거론되는 안철수에게는 앞으로 명성이 올라갈수록 비판 혹은 비방이 뒤따를 것이다. 그러나 이와는 별도로 안철수가 만들어온 착한 양보와 착한 성공 신화는 앞으로 본격적으로 혹독한 검증과 평가를 거치면서 안철수 신드롬을 확산시킬 수 있을 것이다. 안철수 자신은 "대통령은 아무나 하냐"면서 거듭 권력에 의지가 없음을 내비치고 있지만 그럴수록 국민들에게 '착한 정치'를 향한 열망을 더 갈망하게 만들 수도 있을 것이다. 그것은 우리 사회가 그만큼 착한 양보, 착한 성공, 착한 정치에 목말라하고 있다는 반증이기도 하다. 물론 안철수 자신은 이런 국민적인 열망을 충족시키려면 더 치열한 자기 성찰과 아울러 시대정신에 대한 투철한 자기 인식으로 무장할 필요가 있다. 그렇지 않으면 아마추어리즘이라는 조롱 섞인 비난이 그를 질식시킬지도 모른다. 그의 지지도 상승을 바라지 않는 정치 세력들은 끊임없이 비난하려 들고 지지도를 떨어뜨리려 시도할 것이기 때문이다.

필자는 개인적으로 안철수가 새로운 도전에 나서서 다시 성취해 나가는 과정과 끝내 포기하지 않고 목표를 이루는 아름다운 성공, 착한 성공을 지켜보고 싶다. 우리 사회에 공고히 뿌리내리고 있는 기득권적 질서에 가혹한 메스를 가하면서 자신의 이익만을 탐하는 이기적 성공에 경종을 울릴 수 있는 그런 사회를 보고 싶기 때문이다. 오직 이기적인 권력의지만 탐하는 정치인들을 물리치고 모두를 위하는 착한 모습을 이 사회에 심어주기를 갈망해 본다.

다만 안철수가 착한 양보, 착한 성공에 이어 국민들이 바라는 착한 정치를 실현하려면 지금까지와는 또 다른 얼굴을 보여줘야 할 것이다. 정치란 하나의 얼굴만으로는 이해가 얽히고설킨 세상을 행복하게 풀어내기에는 역부족이다. 반대 세력의 저항 또한 만만하지 않을 것이기 때문이다. 반대 세력까지도 포용하면서 다면체의 세상과 소통하고 공감하는 안철수의 착한 정치 리더십이 필요하다.

그가 강조하는 것처럼 '정직한 사람도 성공할 수 있다'. 아니 '정직한 사람이 반드시 성공한다'는 것이 우리 사회에 새로운 워킹모델, 새로운 롤모델이 되어야 한다. 이 책이 그런 세상을 만드는 데 일조할 수 있기를 기원해 본다. 안철수의 착한 양보, 착한 성공이 더 나아가 착한 정치로 이어진다면 그것은 아마 우리가 일찍이 보지 못했던 새로운 날의 도래가 되지 않을까…….

5

착한 양보로 표상되는 안철수 신드롬이 우리 사회의 새로운 키워드로 자리매김한다면 새로운 패러다임, 새로운 정치 문화가 이 사회를 더 성숙하게 만들 수 있으리라 본다. 한편으로 안철수 신드롬은 민심을 외면하며 자신들의 자리 지키기에만 급급하는 기존 정치권에 대한 불신이자 반사 작용으로 일시적인 현상에 그칠 수도 있을 것이다. 일부 비판론자들은 안철수가 '대통령감'이 아니라고 폄훼할 수도 있을 것이다. 물론 안철수 자신도 "대통령은 아무나 하는게 아니다"라며 선을 긋고 있다.

물론 안철수는 결코 섣불리 정치적 행보에 나서지 않을 것이다. 지금부터 정작 안철수에게 필요한 게 있다면 바로 '기다림의 미학'이 아닐까? 영국의 명재상 윈스턴 처칠은 6개 부처의 장관을 역임했는데 보수당의 주류와 의견 차로 무려 10년이나 글을 쓰고 영지를 가꾸면서 야인생활을 했다. 이때 그는 〈제2차 세계대전〉이라는 책을 써서 노벨 문학상을 수상했다. 그러다 10년 후에 독일의 침공 위기에 빠진 조국은 다시 처칠을 찾았고 1940년 66살에 마침내 총리에 올랐다. 이어 77살에 다시 총리에 취임했다. 처칠의 경우에서 볼 수 있듯이 '기다림으로 다져진 내공'이야말로 리더에게 가장 필요한 덕목이 아닐까?

6

마지막으로 다시 어떤 이야기 속으로 되돌아가 보자. 어느 초가을 안 교수가 박 변호사와 함께 '서울'로 가다 강을 만났는데 돌연 뜻밖의 일 이 벌어졌다. 키가 작은 안 교수가 먼저 발을 벗고 강물에 들어가 키가 큰 박 변호사를 업어서 건넌 것이다. 많은 사람들이 이 광경을 지켜보 고 놀랐다. 키로 보나 몸집으로 보나 박 변호사가 안 교수를 업어서 건 널 것이라고 여겼기 때문이다. 안 교수가 박 변호사를 업어서 건넌 것 만으로 서울 사람들뿐만 아니라 세상 사람들은 그의 처신을 예사롭지 않게 보기 시작했다. 안 교수는 왜 먼저 박 변호사를 업고 강을 건넜을 까? 사람들이 너도나도 화제에 올렸다. 이전에는 결코 없었던 신선하고 흥미로운 화젯거리였다. 과연 '이야기를 만드는 사람'이 세상의 주인공 이 될 수 있을까…….

참고 문헌

김상훈,『컴퓨터 의사 안철수 네 꿈에 미쳐라』, 미래를소유한사람들, 2007

노자,『도덕경』, 현암사, 1995

다닐 알렉산드로비치 그라닌,『시간을 정복한 남자 류비셰프』, 황소자리, 2004

대니얼 골먼,『SQ 사회지능』, 웅진지식하우스, 2006

대니얼 J. 레빈슨,『남자가 겪는 인생의 사계절』, 이화여자대학교출판부, 2003

로버트 프랭크,『승자독식사회』, 웅진지식하우스, 2008

래리 보시디·램 차란,『실행에 집중하라』, 21세기북스, 2004

랜디 포시,『마지막 강의』, 살림, 2008

마틴 셀리그만,『학습된 낙관주의』, 21세기북스, 2008

말콤 글래드웰,『아웃라이어』, 김영사, 2009

매트 리들리,『이타적 유전자』, 사이언스북스, 2001

미하이 칙센트미하이,『몰입의 즐거움』, 해냄, 1997

박미희,『아이의 재능에 꿈의 날개를 달아라』, 폴라북스, 2008

박종채,『나의 아버지 박지원』, 돌베개, 1998

박지성,『멈추지 않는 도전』, 랜덤하우스코리아, 2006

법정,『홀로 사는 즐거움』, 샘터, 2004

빅터 고어츨 외,『세계적 인물은 어떻게 키워지는가』, 뜨인돌, 2006

비투스 B. 드뢰셔,『휴머니즘의 동물학』, 이마고, 2003

새뮤얼 스마일즈,『자조론/인격론』, 동서문화사, 2007

스티브 런딘 외,『펄떡이는 물고기처럼』, 한언, 2000

안철수,『나의 선택』, 정음, 2003

안철수 외,『내 인생의 결정적 순간』, 이미지박스, 2007

안철수 외, 『생애 최고의 날은 아직 살지 않은 날들』, 조화로운삶, 2007

안철수 외, 『9인 9색 청소년에게 말걸기』, 주니어김영사, 2008

안철수 외, 『재능을 키워준 나의 어머니』, 재능아카데미, 2009

안철수연구소 사람들, 『세상에서 가장 안전한 이름 안철수연구소』, 김영사, 2008

앤드류 그로브, 『승자의 법칙』, 한국경제신문, 2003

알 리스·잭 트라우트, 『포지셔닝』, 을유문화사, 2006

알 리스·잭 트라우트, 『마케팅전쟁』, 비즈니스북스, 2006

이나모리 가즈오, 『카르마 경영』, 서돌, 2005

이지연, 『이타주의자들의 심리적 특성』, 한국학술정보, 2005

움베르토 에코, 『젊은 소설가의 고백』, 레드박스, 2011

정판교, 〈바보철학에서 배우는 거상의 도〉, 파라북스, 2005

제레미 리프킨, 『공감의 시대』, 민음사, 2010

제프리 A. 무어, 『캐즘 마케팅』, 세종서적, 2002

조지프 캠벨·빌 모이어스, 『신화의 힘』, 이끌리오, 2007

존 그리샴, 『그래서 그들은 바다로 갔다』, 시공사, 2004

존 그리샴, 『어소시에이트』, 문학수첩북앳북스, 2009

지니 다니엘 덕, 『체인지 몬스터』, 더난출판사, 2001

짐 콜린스·제리 포라스, 『성공하는 기업들의 8가지 습관』, 김영사, 2002

짐 콜린스, 『좋은 기업을 넘어 위대한 기업으로』, 김영사, 2002

최정규, 『이타적 인간의 출현』, 뿌리와이파리, 2004

파울로 코엘류, 『연금술사』, 문학동네, 2001

피터 드러커, 『프로페셔널의 조건』, 청림출판, 2001

필립 코틀러·낸시 리, 『착한 기업이 성공한다』, 리더스북, 2006

안철수의 착한 성공

초판 1쇄 발행 2011년 10월 25일
개정판 1쇄 발행 2012년 10월 4일
개정판 2쇄 발행 2012년 11월 1일

지은이 최효찬
펴낸이 이범상
펴낸곳 (주)비전비엔피 · 비전코리아

기획편집 김시경 고은주 박월 노영지
디자인 최희민 김혜림
영업 한상철 한승훈
관리 박석형 이다정
마케팅 이재필 한호성 김희정

주소 121-894 서울특별시 마포구 잔다리로7길 12(서교동)
전화 02)338-2411 | **팩스** 02)338-2413
이메일 visioncorea@naver.com
블로그 blog.naver.com/visioncorea

등록번호 제1-3018호

ISBN 978-89-6322-050-5   13320

· 값은 뒤표지에 있습니다.
· 잘못된 책은 구입하신 서점에서 바꿔드립니다.